Jutta Allmendinger (Hrsg.)
Karriere ohne Vorlage

Karriere ohne Vorlage

Junge Akademiker zwischen Studium und Beruf

herausgegeben von
Jutta Allmendinger

In Zusammenarbeit
mit Matthias Mayer

Bibliografische Information Der Deutschen Bibliothek

Die Deutsche Bibliothek verzeichnet diese Publikation in der
Deutschen Nationalbibliothek; detaillierte bibliografische Daten
sind im Internet über http://dnb.ddb.de abrufbar

© edition Körber-Stiftung, Hamburg 2005
Konzeption und Redaktion: Matthias Mayer
Redaktion: Mischa Täubner
Umschlag: Groothuis, Lohfert, Consorten | glcons.de
Coverfoto: Michael Dunning, getty images
Herstellung: Das Herstellungsbüro, Hamburg
Druck und Bindung: Clausen & Bosse, Leck
Printed in Germany
ISBN 3-89684-122-X

www.edition-koerber-stiftung.de

Inhalt

Editorial

Raus aus der Uni, rein in die Firma, alle zwei Jahre eine Beförderung oder zumindest ein Gehaltssprung deutlich über dem Inflationsausgleich und zum Jubiläum die goldene Uhr – wohl allen Hochschulabsolventen ist gegenwärtig klar, dass dies eine – vielleicht sogar damals trügerische – Idylle aus vergangener Zeit sein muss.

Wie aber sieht er dann wirklich aus, der Übergang vom Studium ins Berufsleben? Gibt es noch verbindliche Muster oder wenigstens klare Trends? Ist angesichts der Arbeitsmarktsituation das Studium überhaupt noch ein empfehlenswerter Weg zur Karriere? Und angenommen ja, was zeichnet ein erfolgversprechendes Studium aus, wie muss es gestrickt sein, damit es nicht geradewegs in die Sackgassen der »Praxisferne« oder »Überqualifikation« führt?

Ein Wettbewerb für junge Forschung wie der Deutsche Studienpreis bietet viele Gelegenheiten, mit jungen Akademikerinnen und Akademikern ins Gespräch zu kommen. Fragt man sie, wie sie sich ihre berufliche Zukunft erträumen oder auch nur realistischerweise vorstellen, begegnet man einer Menge Unsicherheit. Darf man es sich noch leisten, Wunschvorstellungen zu formulieren? Sollte man sich nicht eher von vornherein den tatsächlichen oder auch nur vermeintlichen Anforderungen eines als anonym empfundenen Arbeitsmarktes anpassen? Darf man seinen Leidenschaften frönen oder muss nicht die eigene Biografie karrierefördernd auf die Profile der Stellenanzeigen hin optimiert werden? Und hat das, was man an den Hochschulen so treibt, wenn schon nicht mit den eigenen Utopien, so dann doch hoffentlich mit der sozialen Wirklichkeit etwas zu tun? Kurz: Bereitet das Studium angemessen auf die Anforderungen des Marktes vor?

Allgemein gültige Antworten auf diese Fragen gibt es wahrscheinlich genauso wenig, wie es noch feste Karrieremuster gibt. Aber einige Orientierungsmarken können die Beiträge dieses Bandes, in denen die Perspektiven ausgewiesener Experten mit persönlichen Erfahrungen von Preisträgerinnen und Preisträgern des Studienpreises kontrastiert werden, hoffentlich doch setzen. Zunächst einmal gehen sie dem Zusammenhang von *Arbeit und Bildung* nach und kommen zu der immerhin tröstlichen Gewissheit, dass Bildung zwar nicht zwangsläufig mit entsprechenden Einkommensprämien honoriert wird, dass sie aber nach wie vor die deutlich beste Versicherung gegen Arbeitslosigkeit ist. Nicht nur deshalb können sie die Frage nach der Zukunftsfähigkeit universitärer Bildung vorsichtig optimistisch beantworten. Selbst Fächer, die als praxisfern gescholten werden, erweisen sich nämlich in fast paradoxer Weise als karrieredienlich. Gerade ihre Freiheit von Anwendungszwängen, gepaart mit den dort vermittelten Schlüsselqualifikationen, sichern die »Beschäftigungsfähigkeit« ihrer Absolventen.

Glücklicherweise, muss man sagen. Denn so lange diese Gesellschaft soziale und finanzielle Anerkennung wesentlich vom Besitz eines Arbeitsplatzes abhängig macht, mag Grundsatzkritik an diesem Muster eine wichtige gesellschaftliche Aufgabe sein, individuell aber ist man wohl gut beraten, eben jenen Platz erfolgreich in Besitz zu nehmen. Und wenn man einen Hochschulabschluss hatte, war das lange Zeit auch kein ernsthaftes Problem, galt dieser doch nahezu als Garantie für den sicheren Arbeitsplatz. Heute dagegen blicken die Studierenden ihrer beruflichen Zukunft meist mit gemischten Gefühlen entgegen. Immer häufiger müssen sie sich mit unsicheren, befristeten und schlecht bezahlten Arbeitsverhältnissen zufrieden geben – und sie sehen sich vor die zunehmend komplexe Aufgabe gestellt, Familie, Beruf und gesellschaftliches Engagement zu vereinbaren. Das ist eine Herausforderung, die nicht nur in den biografischen Beiträgen des Bandes immer wieder aufscheint, sondern den Kern des zweiten Abschnitts über den *Abschied vom Studentenleben* ausmacht.

Dieses Buch gehört gewiss nicht in die Gattung der Ratgeberliteratur. Wer also Tipps für die Krawatten- oder Kostümwahl zum Vorstellungsgespräch, Formatierungs- und Frisierungshinweise für Lebensläufe, Ratschläge für ebenso optimale Studierstrategien wie erste Gehaltsverhandlungen erwartet, wird notgedrungen enttäuscht werden. Gleichwohl glaubt es ganz unbescheiden, doch den einen oder anderen Rat geben zu können – und zwar durch die sanfte Kraft des Beispiels. Durch nichts lernen wir wohl so viel wie durch Vorbilder, und zwar nicht nur durch deren Erfolge, sondern ebenso durch deren Ab- und Umwege, durch ihre Zweifel ebenso wie durch die manchmal ganz plötzlich gewonnene Gewissheit, den richtigen Weg – und wenn auch nur auf Zeit – für sich gefunden zu haben. Unsere »Ratschläge« haben also nicht die Form des »Mach es so und nicht anders«, sondern die indirekte des »So habe ich es gemacht – zieh daraus deine eigenen Schlüsse«. Und sie füllen Teil drei und vier des Bandes, in denen ehemalige Studienpreisträger anschauliche *Berichte vom Berufebasteln* in ganz unterschiedlichen Bereichen abgeben und ihre Vorstellungen vom *(Traum-)Beruf Wissenschaft* einer kritischen Bestandsaufnahme unterziehen.

Nach dieser deutlichen Abgrenzung zu einem anderen Buch, das vielleicht unter dem Titel »Karriere leicht gemacht« hätte erscheinen können, wollen wir doch nicht verhehlen, dass zum hoffentlichen Nutzen und Frommen des Lesers einige praktische Orientierungsmarken im letzten Teil des Bandes angebracht worden sind, den wir dann auch im Gegensatz zum gerade Behaupteten schlicht *Ratgeber* genannt haben. Er stellt einige ausgewählte Initiativen vor, die sich vorbildlich um die »Lücke« zwischen Hochschule und Arbeitsmarkt kümmern. Darüber hinaus bietet er kommentierte Links und Adressen zum Berufseinstieg für Hochschulabsolventen und ein auf wirklich hilfreiche Titel konzentriertes Literaturverzeichnis.

Neben allen anderen Autoren gilt unser Dank besonders jenen, die nicht nur bereit waren, für dieses Buch einen Text beizutragen, sondern in diesem Beitrag auch ein ganzes Stück ihrer Person kenntlich werden zu lassen – und die damit nicht zuletzt dafür gesorgt haben, dass das Herausgeben eines Buches wie diesem auch zum echten Lesevergnügen wurde.

Jutta Allmendinger und Matthias Mayer

Arbeit und Bildung

Zukunftsinvestition
Studium?

Die Zukunftsfähigkeit universitärer Bildung

Von Julian Nida-Rümelin

Die europäischen Wissenschaftspolitiker verfolgen seit vielen Jahren das Ziel, in der Europäischen Union eine eigene, differenzierte Hochschullandschaft mit unterschiedlichen Schwerpunkten an unterschiedlichen Orten, neuen Profilierungen einzelner Universitäten und doch einheitlichen und vergleichbaren Studienabschlüssen zu etablieren. Dieses Ziel ist sinnvoll. Und diejenigen, die diesen so genannten Bologna-Prozess kritisieren, sollten fairerweise das Eingeständnis vorausschicken, dass die europäischen Universitäten mit wenigen punktuellen Ausnahmen schon seit Jahrzehnten in einer desolaten Verfassung sind: Studienabbrecherquoten in einzelnen Fächern und an einzelnen Universitäten über 90 Prozent, veraltete und magere Literaturbestände in den Fachbibliotheken, aberwitzige Betreuungsrelationen, etwa an meinem Institut mit 300 Hauptfach-Studierenden pro Professor, Marginalisierung der Forschung und unterschiedlichen Rückzugsstrategien führender Forscher.

Die Reaktionen auf den Bologna-Prozess unter den Kolleginnen und Kollegen sind erstaunlich einhellig: Alle beklagen die zunehmende Verschulung und die enger werdenden Spielräume für eine intensive Kooperation zwischen fortgeschrittenen Studierenden und Professoren sowie die eigene Forschung. Wenn sich auch die Erwartungen erstaunlich gleichen, so ist der Tenor der Kritik doch auffällig unterschiedlich. Er reicht vom Alarmismus (»Der Letzte macht das Licht aus«) der einen, für die das Ende der Universität, zumindest der »Verlust ihrer Seele« unmittelbar bevorsteht, bis zum Quietismus lebenskluger Unerschütterlichkeit nach dem Motto »Die Universität hat die Bildungsexpansion der 60er und die neomarxistische Indoktrination der 70er Jahre erstaunlich gut bewältigt, sie wird auch den Versuch, sie in eine Berufsschule zu verwandeln, überstehen«. Ob die quietistische oder die alarmistische Haltung richtig ist, wird sich erst in einigen Jahren entscheiden lassen. Das Ergebnis wird jedoch sehr davon abhängen, in welcher normativen Verfasstheit die europäische Universität sich den Herausforderungen stellt. Bleibt sie der humanistischen Substanz der europäischen Universitätsidee und damit Humboldt treu oder gerät sie in den Sog einer umfassenden Ökonomisierung, an deren Ende nur ein zerklüftetes Trümmerfeld stehen könnte mit einzelnen von der Industrie abhängigen, hoch dotierten und anwendungsorientierten Forschungszentren, einigen elitären »hohen Schulen« und dem großen Rest provinzieller Colleges, deren Absolventen zwar einen »berufsbefähigenden« Bachelor-Abschluss vorweisen können, aber mit dem wissenschaftlichen Studium nicht in Berührung gekommen sind? Welche regulative Idee der Universität kann und soll den Reformprozess leiten, um die Zukunftsfähigkeit universitärer Bildung zu garantieren?

Die Krise der europäischen Universität

Die europäische Universität, die gemeinsame europäische Wissenschaftsgeschichte, scheint mir bei aller Unterschiedlichkeit der Nationen und Kulturen in Europa das stärkste Band zu sein, das uns bis heute zusammenhält. Dieses Band wieder stärker zu knüpfen, gerade nach dem Ende der Spaltung Europas als Folge der NS-Terrorherrschaft und des Krieges, ist nicht nur sinnvoll, sondern unumgänglich, wenn dieses Europa eine Zukunft jenseits des ökonomischen Marktes haben soll.

Um den normativen Kern der europäischen Universität und damit der europäischen Wissenschaftsgeschichte zu verstehen, sollte man etwas weiter ausgreifen. Es ist sinnvoll, die Moderne mit dem Renaissance-Humanismus zunächst in Italien und dann in anderen europäischen Ländern beginnen zu lassen. Die Entdeckung der Persönlichkeit und die Idee ihrer Bildung begründen eine Wissensdynamik, die die traditionel-

16

le Orientierung an Autorität und Offenbarungswissen zurückdrängt. Es ist nicht der hypertrophe Rationalismus des 17., sondern der humanistische Geist des 15. und 16. Jahrhunderts, der die Idee der europäischen Universität prägt. Vor nun fast 200 Jahren wurde dann, angeleitet durch Konzeptionen von Schleiermacher und Wilhelm von Humboldt, die »Blaupause« moderner Universitäten, die Berliner Reformuniversität, gegründet – und innerhalb weniger Jahre wurde sie dank großzügiger Mittelbereitstellung von Seiten des preußischen Staates, der sich ansonsten der inhaltlichen Einmischung enthielt, zur führenden deutschen und schließlich europäischen Universität, die auch auf der anderen Seite des Atlantiks bewundert und im ausgehenden 19. Jahrhundert zu kopieren versucht wurde. Hier hatte sich endgültig das Bildungs- und Wissenschaftsprinzip gegen die Ausbildungsorientierung durchgesetzt. Während die mittelalterlichen Fakultäten Priester, Ärzte und Juristen ausbildeten und die Studenten in den *artes liberales* so manches studieren konnten, was zwar zweckfrei, aber durchaus für die spätere Ausbildung zum Juristen oder Priester oder Mediziner sinnvoll schien, hatte sich das Verhältnis nun endgültig gedreht. Die Wissenschaftsorientierung der Philosophie und die aus dieser Disziplin hervorgehenden geistes-, natur- und sozialwissenschaftlichen Einzeldisziplinen waren ausschließlich auf Erkenntnisgewinn gerichtet und bildeten den Nukleus der Neuen Universität. Die ausbildungsorientierten Fächer mussten ihre Wissenschaftlichkeit erst entwickeln, wenn sie nicht Gefahr laufen wollten, aus der Universität herausgedrängt und in bloße Schulen zurückgestuft zu werden. Das 19. Jahrhundert erlebte dann eine rasante Ausdifferenzierung des Fächerspektrums und die sich bis in die heutige Zeit erstreckende Emanzipation der Einzelwissenschaften von der Philosophie, die von der Rolle einer einheitsstiftenden Leitwissenschaft allerdings längst überfordert wäre.

Die Einheit der modernen Universität ist die Verbindung von Forschung und Lehre und die konsequente Orientierung an wissenschaftlicher Rationalität. Verbindung von Forschung und Lehre heißt, dass diejenige Forschung, die auch für die Lehre relevant ist, an den Universitäten ihren Ort hat. Und daher ist die Abwanderung wissenschaftlicher Grundlagenforschung in außeruniversitäre Institutionen, wie es nicht nur für die frühere Sowjetunion und die DDR, sondern wie es auch heute noch für die Bundesrepublik charakteristisch ist, problematisch. Universitäre Lehre zeichnet sich durch einen unmittelbaren Forschungsbezug aus. Und zwar im doppelten Sinne: zum einen insofern, als die Lehre an den Universitäten nicht kanonisiert werden darf, sondern immer lebendig bleiben muss und sich kontinuierlich dem Forschungsstand und der internationalen wissenschaftlichen Debatte anzupassen hat. Aber auch in dem Sinne, dass es keine Universitätslehrer geben darf, die nicht selbst einen wesentlichen Teil ihrer Arbeitszeit der Forschung widmen.

Die gegenwärtig in den Bachelor- und Master-Studiengängen um sich greifende Praxis detaillierter Modul-Beschreibungen und die Erwartung der Studierenden, schon frühzeitig zu wissen, was sie jeweils in den nächsten Semestern gelesen haben müssen, um die nächste Prüfung zu bestehen, stellt insofern einen Rückfall in die mittelalterliche und frühneuzeitliche Universität dar. Die mühsam gegen die staatlichen und klerikalen Autoritäten erkämpfte konsequente Orientierung an wissenschaftlicher Rationalität droht dabei Schaden zu nehmen.

Die aktuelle Krise der europäischen Universität ist in erster Linie eine normative, keine strukturelle. Die fast ausschließliche Konzentration der Wissenschaftspolitik auf Strukturen, Besoldungsordnungen und Studienabschlüsse verdeckt die eigentliche Problematik. Soll die europäische Universität sich als Gravitationszentrum der europäischen Wissenschaftsentwicklung verstehen oder als Verlängerung der gymnasialen Oberstufe, als großes College mit der einen oder anderen Forschungsnische? Der Bologna-Prozess begann mit dem zutreffenden Befund, dass es so wie bisher nicht einfach weitergehen kann, dass tief greifende, auch strukturelle Veränderungen nötig sind, um einen einheitlichen Hochschulraum zu schaffen, der sich auch gegenüber den US-amerikanischen Universitäten behaupten kann. Aber während der deutsche Idealismus die humanistischen Prinzipien der damaligen Reformuniversität vorgab, fehlte es dem Bologna-Prozess an geistiger Orientierung. Die Folge war die substanziell nicht weiter unterfütterte Zielsetzung, möglichst viel aus US-amerikanischen Universitäten zu kopieren. Das Ergebnis sind Implantate, die, in die europäische Universitätslandschaft verpflanzt, je nach nationaler Wissenschaftstradition sich mehr oder weniger gut, meist eher schlecht verwurzeln.

Eines dieser nicht zu Ende gedachten Implantate ist die Juniorprofessur. Um konkurrenzfähig zu sein, müsste diese mit einer *Tenure track*-Option verbunden werden. Eine solche steht dabei im Widerspruch zum Hausberufungsverbot, das dringend erforderlich war, um der Inzucht an deutschen Universitäten einen Riegel vorzuschieben. Ein genauerer Blick in die Rekrutierungspraxis führender US-amerikanischer Universitäten zeigt, dass dort die wichtigste Selektionsphase beim Übergang in die *grad school* erfolgt. Dort, in der Auslese der PhD-Studenten, herrscht ein harter, durch Schulbindungen und Lehrstuhlzugehörigkeiten kaum abgeschwächter Konkurrenzkampf. Der weitere Gang der wissenschaftlichen Karriere ist dann wieder in höherem Maße von der Wertschätzung der Kollegen des eigenen Instituts geprägt. Europa, möglicherweise mit Ausnahme der beiden führenden englischen Universitäten und dem einen oder anderen Fach, kennt dagegen die Verantwortung des jeweiligen Lehrstuhlinhabers für den wissenschaftlichen Nachwuchs, die bis in die Phase der Professorabilität, bisher hieß das überwiegend Habilitation, reichte. Die Konkurrenz qua Selektion war insofern eine interne mit allen Vor- und Nachteilen, die das mit sich bringt: der genauen Kenntnis, der intensiven Betreuung, dem persönlichen Loyalitäts- und Verantwortungsverhältnis einerseits, aber auch der Benachteiligung derer, die keine Anbindung an einen einflussreichen Lehrstuhlinhaber aufweisen, Protektion und Schulbildung.

Ähnlich der Bachelor. Die deutschen Diplomstudiengänge etwa in den Ingenieurwissenschaften sind international hoch anerkannt und brauchen keinen Vergleich mit US-amerikanischen Master-Absolventen zu scheuen. Der berufsqualifizierende Abschluss nach nur drei Jahren passt nicht in das deutsche Universitätsdiplom und entsprechend haben sich die Technischen Universitäten in Deutschland, die ein hohes internationales Renommee zu verzeichnen haben, zur Wehr gesetzt.

Generell sollte man in Erinnerung rufen, was für eine Funktion der Bachelor in den Vereinigten Staaten hat. Zu Recht waren bei der Entwicklung des amerikanischen Universitätssystems die amerikanischen Bildungsplaner davon überzeugt, dass sie mit dem hohen Niveau etwa eines deutschen gymnasialen Abiturs mit ihren *Highschool*-Abschlüssen nicht mithalten können. Die Absolventen amerikanischer *Highschools* galten daher als noch nicht studierfähig im engeren Sinne. Der amerikanische Bachelor- bzw. College-Abschluss ist daher allgemein bildend und entspricht eher der gymnasialen Oberstufe als einem wissenschaftlichen Studium. Das in den letzten drei Dekaden abgesunkene Qualifikationsniveau der sog. allgemeinen Hochschulreife hat diesen Unterschied weitgehend eingeebnet. Die Verkürzung der Schulzeit von 13 auf 12 Jahre wird *nolens volens* eine weitere Absenkung zur Folge haben. Eine konsequente Kopie des US-amerikanischen »Vorbilds« würde auch in Europa eine Gesamtschule von zwölf Jahren etablieren und darauf einen allgemein bildenden College- bzw. Bachelor-Abschluss draufsetzen. Dessen Abschluss belegt dann sowohl die Fähigkeit zu einem wissenschaftlichen Studium als auch eine eher unspezifische berufliche Qualifikation. Es ist in den USA üblich, dass viele Studierende nach dem Bachelor-Abschluss zunächst berufstätig sind, um dann nach einigen Jahren einen Master- oder gar PhD-Abschluss hinzuzufügen. Das Promotionsstudium dauert in den USA fünf bis sechs Jahre und das Durchschnittsalter dürfte zum Zeitpunkt des Abschlusses höher sein als in Deutschland! Zu einer konsequenten Kopie gehörte die Unterscheidung in Universitäten im engeren Sinne und Colleges, die sich als Universitäten bezeichnen. Nur Erstere sind forschungsorientiert und damit befähigt, Master- und PhD-Abschlüsse von hohem Niveau anzubieten. Für eine solche Ausdifferenzierung spricht manches, auch wenn sich kaum jemand traut, sich offen dafür auszusprechen (auch die Mittelstraß-Kommission kann sich nur zu eher verklausulierten Empfehlungen, die in diese Richtung gehen, durchringen). Der Nachteil dieser Form der Differenzierung ist allerdings ebenfalls in den USA zu besichtigen. Die Spitze wird so schmal, dass sie den Bedarf an wissenschaftlichem Nachwuchs in den USA nicht mehr decken kann.

Die viel gescholtenen europäischen und japanischen, aber auch südostasiatischen und südamerikanischen Universitäten stellen ein Gutteil des wissenschaftlichen Nachwuchses an den amerikanischen Forschungsinstitutionen. Auch deutsche Geistes-, Natur- und Sozialwissenschaftler sind dort gut vertreten und ihre spezifischen Kompetenzen haben einen guten Ruf. An den deutschen Absolventen geisteswissenschaftlicher Fächer wird von US-amerikanischen Kollegen nicht nur ihre im Vergleich zu amerikanischen Absolventen größere Allgemeinbildung hervorgehoben, sondern insbesondere auch die verbreitete Sprachkompetenz, auch in klassischen Sprachen, die in den Vereinigten Staaten überaus selten geworden ist.

Bildung oder Ausbildung?

Gegenwärtig droht eine Ökonomisierung der Universitäten gar nicht so sehr durch die hier oft unter Verdacht genommene Drittmittelforschung, sondern von einer ganz anderen Seite. Da ist zum einen die machtvolle Idee, Disziplinen und Forschungsvorhaben nach ihrem Beitrag zur wirtschaftlichen und technischen Innovation zu beurteilen. Paradoxerweise würde eine konsequente Ausrichtung wissenschaftlicher Forschung an diesem Kriterium das innovative Potenzial der Wissenschaft beschädigen.

Die andere Form der Ökonomisierung ist die Rückbildung der Universität zu einer Einrichtung der Berufsausbildung. Während der Arbeitsmarkt heute einer Dynamik unterworfen ist, die auch mittelfristige Prognosen schwer macht, und die Nachfrage nach Akademikern aus der Wirtschaft einen immer größeren Wert auf Bildungs-Qualifikation legt, werden neue Studiengänge nach den Kriterien der beruflichen Qualifikation gestaltet. In einem Papier der Kultusministerkonferenz vom Herbst 2003 wird sogar zwischen wissenschaftsorientierten und berufsorientierten Studiengängen unterschieden. Dies wirft ein Schlaglicht auf den zentralen Irrtum der Ökonomisierung der universitären Studiengänge. Die Qualifikationen, die ein wissenschaftliches Studium vermittelt, sind eigenständiges Denkvermögen, Artikulationsfähigkeit, rasche Auffassungsgabe, kurz: Entscheidungs- und Urteilsfähigkeit. Die eigenverantwortliche Organisation des Studiums, das selbständige Lernen und der frühzeitige Kontakt mit aktueller Forschung formen Persönlichkeiten, die auch in Führungsfunktionen Erfolg haben. Spätestens heute ist universitäre Bildung zur besten Ausbildung auf dem akademischen Arbeitsmarkt geworden.

Diese These lässt sich gegen gängige Vorurteile gerade auch am Beispiel der Geisteswissenschaften sehr gut verdeutlichen. Ich halte es sogar nicht für ausgeschlossen, dass man in fernerer Zukunft im Rückblick sagen wird, dass die Geisteswissenschaften hier Vorreiter für eine langfristig wirksame Entwicklung der Bildungseinrichtungen waren, die dadurch, dass sie frühzeitig die Orientierung auf spezifische Berufe aufgaben, den Erfordernissen einer mobiler, globaler und dynamischer gewordenen Arbeitswelt gerecht wurden. Niemand konnte voraussehen, dass die gewaltig angestiegenen Studierendenzahlen in den Geisteswissenschaften vom Arbeitsmarkt so problemlos absorbiert würden. Das Gerede von der Krise der Geisteswissenschaften verdeckt ihren eminenten Erfolg in jüngster Zeit. Dieser Erfolg rührt daher, dass geisteswissenschaftliche Studiengänge im guten Falle drei zentralen Anforderungen nachkommen und entsprechende Kompetenzen vermitteln:

(1) *Artikulationsfähigkeit:* Absolventen geisteswissenschaftlicher Studien sollten in der Lage sein, ihre Gedanken klar zu formulieren und auch ohne Manuskript verständlich und zusammenhängend zu sprechen.

(2) *Sprachkompetenz:* Da Sprache nicht nur ein Mittel ist, um seine Ansichten über die Welt mitzuteilen, sondern auch Medium individuellen und gesellschaftlichen Handelns, ja im weitesten Sinne eine Lebensform darstellt, ist der Zugang zu Kulturen nur über ihre Sprachen möglich. Für Absolventen geisteswissenschaftlicher Studien sollte daher die gute Beherrschung von mehreren Sprachen selbstverständlich sein.

(3) *Interkulturalität:* Die viel beschworene interkulturelle Kompetenz, d. h. die Fähigkeit, zwischen Kulturen zu vermitteln, in unterschiedlichen Kulturen Handlungsweisen und Reaktionen zu verstehen, hat eine pragmatische Dimension: Interkulturalität verlangt die konkrete Erfahrung des Lebens in anderen Kulturen und damit des Aufenthalts in anderen Ländern, nicht nur zum

Zwecke des Urlaubs. Auch dies sollte selbstverständlicher Inhalt eines geisteswissenschaftlichen Studiums sein.

Soll universitäre Bildung wirklich zukunftsfähig sein, werden sich diese Kompetenzen im Verein mit einer soliden fachlichen Ausbildung aber mit etwas Drittem verbinden müssen, mit der Entwicklung der Persönlichkeit. Denn eines steht fest: Die moderne Lebenswelt ist unübersichtlicher und vielgestaltiger geworden. Aller Voraussicht nach wird sich diese Entwicklung fortsetzen. Der alle Grenzen zunehmend überschreitende wirtschaftliche Markt verändert die Lebensbedingungen, er verlangt ein zunehmendes Maß an Mobilität und die Fähigkeit, sich auf neue Entwicklungen einzustellen. Die wirtschaftliche Dynamik schafft immer neue berufliche Anforderungen, sie lässt alte Berufe verschwinden und neue entstehen. Berufliche Qualifikationen, die man noch wenige Jahre zuvor kaum kannte, werden plötzlich intensiv nachgefragt. Aber auch die Kultur hat ihre eigene Dynamik, sie stellt Traditionen in Frage und verlangt zunehmend nach der Fähigkeit, sich über unterschiedliche Herkünfte, Lebensformen und Weltanschauungen hinweg zu verständigen. Fast alle Gesellschaften der Welt, besonders aber die westlichen, sind zunehmend multikulturell verfasst: Unterschiedliche Kulturen leben auf einem Territorium zusammen, Einwanderung und Auswanderung verändern die kulturellen Bedingungen.

Die großen Bildungsreformer des 19. Jahrhunderts hatten die Persönlichkeitsbildung in den Mittelpunkt gestellt. Ein Ideal, das vielen in der Wirtschaft und der Politik heute als überholt erscheint. Ich bin dagegen der festen Überzeugung, dass dieses Ideal gerade jetzt und in Zukunft in steigendem Maße aktuell ist. Wenn man nicht mehr wissen kann, welche beruflichen Anforderungen auf einen zukommen, wenn man sich auf ganz unterschiedliche kulturelle Bedingungen wird einstellen müssen, dann ist die Entwicklung einer starken, zu selbstverantworteтem Handeln und Urteilen befähigten Persönlichkeit von überragender Bedeutung. Nur wer stark genug ist, Veränderungen auszuhalten, ohne sich selbst zu verlieren, kann es aushalten, wenn im Laufe seines Lebens die Anforderungen und Erwartungen sich grundlegend ändern. Nur wer stark genug ist, sich in einer fremden Kultur zurechtzufinden, kann auch Jahre im Ausland zubringen und sich dort persönlich und beruflich bewähren. Ohne Empathie, ohne Einfühlungsvermögen, wird dies nicht gehen. Respektvoller Umgang mit anderen, auch wenn sie aus einer anderen Kultur kommen oder andere Überzeugungen und Interessen haben, ist unverzichtbar. Nur wer Selbstvertrauen hat, kann Konflikte und Niederlagen ertragen, ohne andere herabzusetzen oder gar Gewalt anzuwenden.

Wissenschaftspolitische Konsequenzen

Der deutschen Wissenschaftspolitik ist generell, d.h. ohne dass hier nach Parteien differenziert werden müsste, ein doppelter Vorwurf zu machen: Da ist zum einen der von den Kultusministern 1977 einstimmig gefasste Beschluss, die damals erwarteten starken Universitätsjahrgänge zu untertunneln, eine gigantische Überlast zuzulassen in der Hoffnung, dass nach einigen Jahren der Spuk vorbei sein würde und sinkende Studierendenzahlen einen weiteren Ausbau der Universität erübrigten. Schon nach wenigen Jahren stellte sich heraus, dass es sich um eine dramatische Fehlkalkulation handelte, die zwar finanzielle Mittel schonte, aber die Universitäten in eine immer extremere Überlast zwang, die in den hoch frequentierten Studiengängen nun über rund zwei Dekaden zu unhaltbaren Zuständen geführt hat. Wenn hier in der Politik und Ökonomie gelegentlich von Effizienzsteigerung in der Wissenschaft die Rede ist, so kann man das nur als Hohn empfinden. Wenn, wie in der Ökonomie üblich, Effizienz als Verhältnis von Output und Input definiert wird, so dürfte das deutsche Universitätssystem eines der effizientesten der Welt sein. Die Zahl der produzierten Doctores, Magistri und Diplomati pro Professor dürfte besonders in den so genannten Massenfächern einen internationalen Spitzenplatz einnehmen. Nimmt man hinzu, dass trotz eines miserablen Betreuungsverhältnisses die Qualität des Studiums meist immer noch ansehnlich ist, so spricht dies für eine erstaunlich robuste intrinsische Motivation nicht nur der Lehrenden, sondern auch der Studierenden. Trotz dieser offenkundigen Fehlprognose wurde der fatale Untertunnelungskurs der deutschen Wissenschaftspolitik nicht korrigiert, mit der Folge, dass seit nun schon bald 30 Jahren das Licht am Ende des Tunnels nicht in Sicht ist.

Die zweite fatale Richtungsentscheidung war, dass das Verhältnis zwischen Fachhochschulen und Universitäten nicht frühzeitig auf eine neue Grundlage gestellt wurde. Nachdem sich seit Ende der 70er Jahre abzeichnete, dass ein zunehmender Anteil der Studierenden von einem wissenschaftlichen Studium überfordert ist (die steigenden Abbrecherquoten sprechen eine deutliche Sprache) und zudem auf dem Arbeitsmarkt anwendungsorientierte Qualifikationen nachgefragt werden, hätte man die Zahlen der Studierenden an den Universitäten zurückfahren und die an den Fachhochschulen deutlich ausweiten müssen. Ein Verhältnis von 60 Studienplätzen an Fachhochschulen zu 40 Studienplätzen an Universitäten mit der Verlagerung ganzer Studiengänge von den Universitäten an die Fachhochschulen halte ich nach wie vor für sinnvoll.

Die aktuelle Lage an den deutschen Universitäten ist direkte Folge dieser beiden Fehlentscheidungen und die Verfachhochschulung eine möglicherweise ungewollte, aber durch den Zwang der Verhältnisse schwer zu umgehende Konsequenz. Wenn dabei nicht in Kauf genommen werden soll, dass die Universität »ihre Seele verliert«, dass es in Zukunft kein genuin wissenschaftliches Studium gibt, dass der innere Zusammenhang von Forschung und Lehre, der für die europäische Universität konstitutiv war, gelöst wird, der kann sich nicht darauf beschränken, das Ergebnis von mehreren Dekaden falsch angelegter Wissenschaftspolitik zu beklagen, sondern muss Wege aus der Sackgasse aufzeigen.

1. Die Bachelor-Studiengänge dürfen im Schnitt an den Universitäten nur bis zu 60 Prozent der Lehrkapazitäten binden. Gegenwärtig hat die Einführung neuer Bachelor-Studiengänge dazu geführt, dass die Lehrkapazitäten zu 80, 90 oder mehr Prozent ausgelastet sind und für das wissenschaftliche Studium lediglich Restressourcen zur Verfügung stehen. Die Rückverwandlung von Disziplinen an der Universität zu bloßen College-Studien darf es nicht geben.

2. Die Verfachhochschulung der Universität kann nur für eine Über-
   gangsphase akzeptiert werden, gewissermaßen als Reaktion auf
   einen wissenschaftspolitischen Notstand, der durch die beiden
   oben genannten Fehlentscheidungen herbeigeführt wurde. Es
   muss umgehend der drastische Ausbau der Fachhochschulen einsetzen, der den Universitäten wieder Luft verschafft und ihnen
   die Möglichkeit gibt, ihre Identität, von der oben die Rede war,
   zu wahren. Eine Rückverwandlung der Universitäten in große
   Schulbetriebe wäre nichts anderes als der Rückfall in die berufs-
   bildende mittelalterliche und frühneuzeitliche Universität. Eine
   große Errungenschaft der europäischen Aufklärung und des Hu-
   manismus wäre unwiederbringlich dahin.

3. Die Perspektive muss über den Tag hinausreichen und die wissenschaftliche Grundlagenforschung *in toto* wieder an den Universitäten integrieren. Die zunehmende Bedeutung außeruni-
   versitärer Forschungseinrichtungen ist nicht nur ein deutscher
   Sonderweg, sondern auch ein deutscher Irrweg. Wer sich an
   den US-amerikanischen Top-Universitäten orientiert, muss einer
   Reintegration der Grundlagenforschung an den Universitäten
   zustimmen. Die Rede von Spitzenuniversitäten, die nach internationalen Standards konkurrieren können, bleibt leeres Wort-
   geklingel, wenn die Konsequenzen gescheut werden.

4. Dreh- und Angelpunkt allerdings einer besseren Zukunft der
   europäischen Universität ist das Verhältnis zwischen Lehrenden
   und Studierenden. Die Schule muss irgendwann ein Ende haben
   und dies sollte etwa mit der Volljährigkeit zusammenfallen. Studierende sind keine Schüler, sondern Partner bei der Erkundung
   vertrauter und weniger vertrauter, gradliniger und gewundener
   Pfade der Wissenschaft. Im Betreuungsverhältnis von 1 zu 100
   oder mehr kann sich eine solche Partnerschaft nicht entwickeln.
   Dies ist physisch angesichts von sieben Wochentagen und 24 Ta-
   gesstunden ausgeschlossen. Im wissenschaftlichen Studium sollte das Betreuungsverhältnis nicht ungünstiger sein als 1 zu 20
   (und selbst dann wäre dies noch etwa die doppelte Quote, wie
   sie an den amerikanischen Top-Universitäten üblich ist). Rea-

listischerweise wird es nicht möglich sein, alle Disziplinen aller deutschen Universitäten an die Weltspitze zu führen. Durch Schwerpunktbildung und Profilierung der Universitäten sollte es aber möglich sein, in einem breiten Spektrum (topografisch wie disziplinär) Forschung und Lehre auf einem Niveau zu halten, das keinen internationalen Vergleich scheuen muss.

5. Unbeschadet dieser wünschenswerten Streuung, die auch Ausdruck der vielgestaltigen deutschen Bildungsgeschichte und ihrer heutigen föderalen Verfassung ist, stellt sich die Frage, ob es nicht doch langfristig Sinn macht, einzelne Spitzenuniversitäten aufzubauen, die in derselben Gewichtsklasse wie die US-amerikanischen Ivy-League-Universitäten konkurrieren können. Dies setzt einen hohen Anteil englischsprachiger Lehrer voraus und die notwendigen Mittel, um die jeweils Besten ihres Faches zu gewinnen. Die Erfolgsgeschichte Stanfords zeigt, dass dies bei ausreichender Ressourcenlage innerhalb einer erstaunlich kurzen Frist zu erreichen wäre. Bei einem Jahresetat von ca. 2 Milliarden Euro bei 20 000 Studierenden wäre ein solches Ziel nicht unrealistisch. Dass sich ein solcher Etat selbst mit hohen Studiengebühren nicht erreichen ließe, liegt auf der Hand. Ohne privatwirtschaftliches Engagement in weit größerem Umfang, als es heute in Deutschland und Europa üblich ist, ist das nicht zu realisieren.

Das neue politische Interesse an Bildung bietet die Chance, sich in Deutschland auf seine traditionellen Stärken zu besinnen. Die Gefahr liegt in einer ökonomischen und politischen Instrumentalisierung eines Kraftzentrums der Gesellschaft, das sich nur aus sich selbst heraus entwickeln kann und dessen politische und ökonomische Steuerung großen Schaden anrichten kann. Was fehlt, ist eine geistige Perspektive, der es nicht um Organisationsformen, sondern um die Erneuerung dessen geht, was man als humanistische Substanz unseres Bildungswesens bezeichnen könnte. Logik, Rhetorik, Grammatik machte diese Substanz für die italienischen Frühhumanisten aus. Logik, Physik und Ethik für die Stoa der Antike. Persönlichkeitsbildung in der Einsamkeit und Freiheit des Forschens für den Humboldt'schen Neohumanismus. Aktualisieren wir dieses Spektrum: eigenständige Urteilskraft, intrinsische Motivation, Stärke der Persönlichkeit, Empathie, kulturelle Offenheit, Sprachen als Schlüssel zu zeitgenössischen und längst vergangenen Lebenswelten, historisches Bewusstsein, Orientierungswissen, auch mathematisch-naturwissenschaftliches, statt Vielwisserei. Deutschland sollte sich in diesem Sinne wieder als eine Bildungsnation definieren, und wenn es dabei am wenigsten an den unmittelbaren ökonomischen Nutzen denkt, wird dieser am größten sein. Bildung darf nicht lediglich der Ausbildung dienen, nein, paradoxerweise ist Bildung spätestens heute zur besten Ausbildung geworden.

Trotz allem gut

Zum Arbeitsmarkt von AkademikerInnen heute und morgen

Von Jutta Allmendinger und Franziska Schreyer

1. Einleitung

»Ich bin nicht Lokomotivführer geworden. Alles ist anders gekommen, als ich gedacht habe. Ich bin auch nicht Präsident geworden oder Urwalddoktor, nicht einmal Studienrat. Eigentlich bin ich gar nichts geworden.

Ich bin nicht Vater, nicht Ehemann, nicht ADAC-Mitglied. Ich habe keinen festen Beruf und kein richtiges Hobby. Mir fehlt alles, was einen Erwachsenen ausmacht, die Aufgaben, die Pflichten, die Belohnungen. Ich bin kein Vorgesetzter und keine Autoritätsperson, ich habe keinen Dispositionskredit und trage keinerlei Unterhaltslasten, außer für mich selbst.

Vormittags bin ich Auslieferungsfahrer. Der Rest des Tages gehört mir. Ich habe viel Zeit. (…) Denn ich habe wenige Termine, die ich versäumen könnte, draußen, in der Welt der Arbeit.«

So beginnt der Roman »Von der Nutzlosigkeit, erwachsen zu werden« von Georg Heinzen und Uwe Koch (1989). Erzählt wird die Geschichte eines jungen Mannes, Mathias Grewe, der im deutschen Wirtschaftswunder heranwächst. Angesichts der Hoffnungen der Eltern aus der Kriegsgeneration, der Sohn möge es einmal besser haben als sie, und um als Pädagoge zu gesellschaftlichen Veränderungen beizutragen, beschließt er, zu studieren. Germanistik im Lehramt. Es ist die Zeit der Bildungsreform und der politischen Aufbruchstimmung der 70er Jahre mit ihren verschiedenen sozialen Bewegungen (Hierlmeier 2002).

Doch als Grewe schließlich sein Studium beendet, werden junge Lehrer seines Fachs nicht mehr gebraucht. Grewe schlägt sich mit Aushilfsjobs durch. Er leidet darunter, gewiss. Aber er ist sich gar nicht so sicher, ob er, eingebunden in die Zwänge einer geregelten Beschäftigung, so sehr viel glücklicher wäre. Er ist jedenfalls »lieber oppositionell als verbittert«.

»Von der Nutzlosigkeit, erwachsen zu werden« ist ein Buch, das von der Ambivalenz lebt: Einerseits ist es die Geschichte von einem, der sich nicht anpassen will, gehört eine gewisse politische und lebensweltliche Widerständigkeit doch zu seiner Persönlichkeit; andererseits ist es aber auch die Geschichte von einem, der sich gar nicht anpassen kann, ist ihm als »Opfer des Arbeitsmarktes« der Zugang zu etablierter Beschäftigung und eher bürgerlichem Leben doch verschlossen.

Dieses Buch wurde 1989 veröffentlicht und gibt auch das Lebensgefühl einer Generation wieder. Vieles hat sich seither verändert. So sind etwa die Studierenden – selbst in den Sozial- und Kulturwissenschaften – »extrinsisch-materieller« orientiert als in den 80er Jahren, auch wenn fast immer inhaltliche Aspekte des Fachs und der künftigen Berufstätigkeit an der Spitze ihrer Werteskala stehen (AG Hochschulforschung 2004: 197ff.). »Extrinsisch-materieller« bedeutet, dass ihnen die späteren beruflichen Chancen, etwa in Hinblick auf Einkommen und vor allem Arbeitsplatzsicherheit, wichtiger geworden sind. Gesellschaftlich-soziale Motivation für Studium und Beruf hat an Bedeutung eher verloren. Und dennoch, trotz aller Veränderungen: Liest man von den aktuellen Problemen vieler junger Menschen, nach Abschluss ihres Studiums beruflich Fuß zu fassen, so erinnert doch erstaunlich vieles an den Roman von Heinzen und Koch.

Auch in dem hier vorgelegten Buch werden wir viel lesen über junge AkademikerInnen im Abseits, im Schatten des Arbeitsmarkts. Ohne die geschilderten Probleme auch nur ansatzweise verharmlosen zu wollen: Wir nehmen in unserem Beitrag bewusst eine andere Perspektive ein und stellen ihn in Kontrast zu diesen Berichten. Der bisherige und künftige Arbeitsmarkt von AkademikerInnen ist, trotz allem, gut – so lautet im Kern unsere Diagnose.

Aber natürlich ist vieles eine Frage der Perspektive. Vergleicht man den beruflichen Einstieg von AbsolventInnen verschiedener Studienfächer, so tritt neben viel Positivem auch etliches an Prekärem zutage.

Frauen mit Hochschulabschlüssen sind gegenüber Männern immer noch im Nachteil. Doch wichtig ist auch, neben diesen und anderen Bäumen noch den Wald zu sehen. Damit meinen wir, der Blick sollte auch über die AkademikerInnen hinaus gelenkt werden. Und im Vergleich zu anderen Qualifikationsgruppen ist unübersehbar, dass Akademiker und Akademikerinnen auf dem Arbeitsmarkt und in der Beschäftigung meist privilegiert waren und sind. Darüber hinaus spricht vieles dafür, dass die Chancen von AkademikerInnen in Zukunft weiter steigen werden und sogar ein Mangel an hoch qualifizierten Fachkräften zu erwarten ist.

Im Folgenden werden wir zunächst die Grundzüge der bisherigen Entwicklung des Arbeitsmarktes von AkademikerInnen skizzieren und diese mit den Arbeitsmärkten der anderen Qualifikationsgruppen vergleichen. In diesem *zweiten Kapitel* stellen wir auch Ergebnisse jüngerer Untersuchungen zum Übergang von AbsolventInnen von der Hochschule ins Beschäftigungssystem vor. In *Kapitel 3* steht die voraussichtliche künftige Entwicklung des (Akademiker-)Arbeitsmarktes im Mittelpunkt, in *Kapitel 4* schließlich werden zentrale Ergebnisse kurz zusammengefasst und einige Folgerungen für die (Bildungs-)Politik gezogen.

2. Bisherige Entwicklungen

Akademikerarbeitsmarkt im Vergleich zu anderen Arbeitsmärkten

Der Vergleich von AkademikerInnen zu anderen Qualifikationsgruppen kann eindrucksvoll anhand einiger Merkmale gezogen werden, so der Beschäftigungsentwicklung, der Beschäftigungsbedingungen, der beruflichen Weiterbildung und der Arbeitslosigkeit.

In der Bundesrepublik wie in anderen entwickelten Industrienationen nimmt der Anteil der AkademikerInnen im Beschäftigungssystem zu. Verfügten 1991 noch 12 Prozent der *Erwerbstätigen* im Bundesgebiet über einen Universitäts- oder Fachhochschulabschluss, so waren es im Jahr 2004 bereits 18 Prozent (Reinberg/Hummel 2005: Anhang Tabellen 3a–c). Selbst in Krisenzeiten steigt meist die Zahl der erwerbstätigen

AkademikerInnen. Zwischen 1991 und 2004 waren die AkademikerInnen die einzige Qualifikationsgruppe, die Beschäftigungszuwächse für sich verbuchen konnte – und zwar in hohem Ausmaß: Waren 1991 noch 4,3 Millionen Menschen mit Hochschulabschluss erwerbstätig, so waren es 2004 6,1 Millionen. Der Frauenanteil an den Erwerbstätigen mit Hochschulabschluss stieg in diesem Zeitraum von 32 auf 39 Prozent.

AkademikerInnen erzielen in West- wie Ostdeutschland deutlich höhere *Durchschnittseinkommen* als Erwerbstätige mit oder ohne Berufsausbildung. Nach Daten des Sozio-Ökonomischen Panels lag 2002 im Westen der durchschnittliche Brutto-Stundenlohn von abhängig Beschäftigten mit Universitäts- oder Fachhochschulabschluss bei 21 € im Vergleich zu 14 € bzw. 12 € bei Beschäftigten mit oder ohne abgeschlossene Berufsausbildung. In den neuen Ländern betrugen die Löhne 16 € (Universität) bzw. 13 € (FH) im Vergleich zu 10 € und 9 €. Die Löhne der Akademikerinnen liegen meist unter denen der Akademiker. Im Vergleich zu den Frauen niedrigerer Qualifikation erzielen aber auch die Akademikerinnen deutlich höhere Einkommen. Im Zeitverlauf weisen AkademikerInnen steilere Einkommenskarrieren auf als die Angehörigen anderer Qualifikationsgruppen. Im Westen hat sich aber der Einkommensabstand der HochschulabsolventInnen zum Durchschnitt aller Beschäftigten zwischen 1992 und 2002 verringert, während er sich im Osten vergrößert hat (Weißhuhn/Große Rövekamp 2004: 165ff.).

AkademikerInnen erzielen nicht nur höhere Einkommen als anders Ausgebildete, zumindest die Männer mit Hochschulabschluss arbeiten auch häufiger auf *ausbildungsadäquaten Stellen* als die Männer mit abgeschlossener Berufsausbildung (2002: West: 90 % zu 85 %; Ost: 92 % zu 84 %; Weißhuhn/Große Rövekamp 2004: 132ff.).[1] Bei den Frauen im Westen gilt dies für jeweils 80 Prozent; in den neuen Ländern waren 2002 aber nur 74 Prozent der Akademikerinnen im Vergleich zu 80 Prozent der Frauen mit abgeschlossener Berufsausbildung ausbildungsadäquat erwerbstätig. Im Übrigen zeigt sich im Zeitvergleich, dass »kaum Verdrängungsprozesse (…) nach unten stattgefunden haben. Die Arbeitskräftenachfrage hat weiterhin höher qualifizierte Arbeitskräfte angefordert, ohne dabei in wesentlichem Umfang Erwerbstätige mit darunter liegenden Qualifikationsniveaus direkt zu ersetzen.« (Weißhuhn/Große Rövekamp 2004: 132)

Anders als bei Einkommen und ausbildungsadäquater Beschäftigung zeigen sich bei den so genannten ›unsicheren Erwerbsformen‹ nur bedingt Vorteile von AkademikerInnen – dies ergab die »BIBB/IAB-Erhebung« bei 34 000 Erwerbstätigen, die im Winter 1998/99 durchgeführt wurde (Schreyer 2000). Unter, im Vergleich zum Konstrukt Normalarbeitsverhältnis, ›unsicherer Beschäftigung‹ verstehen wir hier die befristete Beschäftigung, die Leiharbeit, die geringfügige Beschäftigung sowie die freie Mitarbeit.[2] Mit Abstand am häufigsten unsicher beschäftigt sind zwar die Erwerbstätigen ohne Ausbildungsabschluss. Allerdings sind im Westen die Höchstqualifizierten, nämlich die UniversitätsabsolventInnen, die am zweithäufigsten betroffene Gruppe (*Abbildung 1*, siehe nächste Seite). Bei fast allen Qualifikationsstufen in West und Ost arbeiten vor allem Frauen und Jüngere in unsicheren Erwerbsformen.

Ein wesentliches und immer wichtiger werdendes Merkmal von Erwerbsverläufen sind *Phasen der Weiterbildung:* »Alle vorliegenden Untersuchungen zum Weiterbildungsverhalten kommen übereinstimmend zu dem Schluss, dass eine Teilnahme an beruflicher Weiterbildung um so häufiger erfolgt, je höher das erreichte Qualifikationsniveau ist. Dieser Befund (…) wird in der Literatur auch als Matthäus-Prinzip (›Denn wer da hat, dem wird gegeben‹) bezeichnet«, so resümieren Wilkens und Leber (2003: 331) die Forschungslage zur formellen Weiterbildung.[3] Ihre eigenen Auswertungen des Sozio-Ökonomischen Panels bestätigen diesen Befund: Zwischen 1997 und 2000 wiesen die AkademikerInnen mit 50 Prozent die höchste Teilnahmequote auf. Bei den Personen mit einer Lehre lag dieser Anteil bei 32 Prozent, während er bei den Personen ohne abgeschlossene Berufsausbildung lediglich 9 Prozent betrug (Wilkens/Leber 2003: 333).

Kommen wir abschließend zur Kehrseite der Beschäftigung, der Arbeitslosigkeit. Die Zahl der als arbeitslos registrierten AkademikerInnen ist in den ersten Jahren dieses Jahrhunderts gestiegen. Waren im September 2001 noch rund 180 000 AkademikerInnen arbeitslos gemeldet, so waren es zwei Jahre später 253 000. Der Anstieg betraf fast alle Studienfächer, die Arbeitslosigkeit sank nur bei der Human- und Zahnmedizin, der Musik und einigen Lehrämtern. In der Folgezeit stagnierte die Gesamtzahl der Arbeitslosen in etwa.[4] Da aber, wie oben skizziert

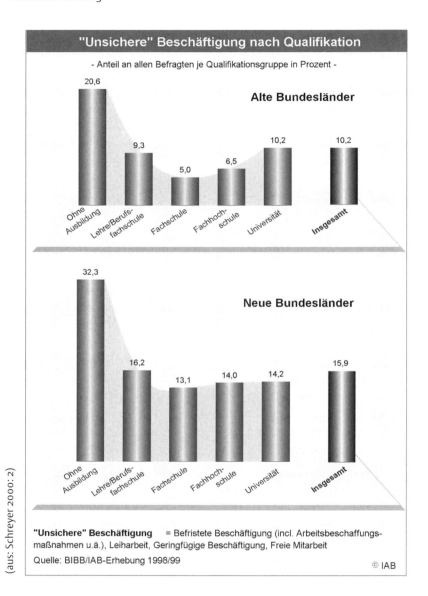

(aus: Schreyer 2000: 2)

und in der öffentlichen Diskussion häufig nicht beachtet, parallel die Erwerbstätigkeit der AkademikerInnen fast stetig zunahm, blieben die entsprechenden Arbeitslosenquoten auch in den letzten Jahren gering.

Überhaupt sind Erwerbspersonen mit Hochschulabschluss im Vergleich zu anderen Qualifikationsgruppen am wenigsten von Arbeitslosigkeit betroffen. Das gilt, wie *Abbildung 2* zeigt, für die alten (2004: 3,5%) wie für die neuen Bundesländer (6%) und für lange Beobachtungszeiträume. Akademikerinnen sind nach wie vor etwas häufiger arbeitslos als Akademiker (2004 Bundesgebiet: 4,7% zu 3,5%; Reinberg/Hummel 2005). Aber im Vergleich zu den Frauen anderer Qualifikationsgruppen sind auch Akademikerinnen selten arbeitslos.

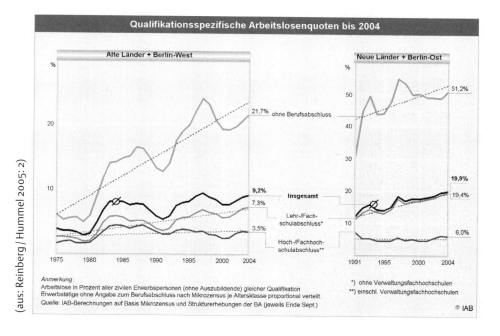

(aus: Reinberg / Hummel 2005: 2)

Die Datenlage ist eindeutig: Je höher die Qualifikation, desto niedriger ist das Arbeitslosigkeitsrisiko. Eine akademische Ausbildung schützt aber »nicht nur vor Arbeitslosigkeit. Sie hilft offensichtlich (auch), das Arbeitsvermögen bis zum Rentenalter länger und besser zu nutzen.« (Reinberg/ Hummel 2005: 1) Denn selbst bei AkademikerInnen zwischen 55 und 64 Jahren beträgt die Arbeitslosenquote 2004 im Bundesdurchschnitt nur 3,5 Prozent. Die durchschnittliche Arbeitslosenquote aller Qualifikationsgruppen liegt in dieser Altersgruppe dagegen bei 10 Prozent.

35

Übergang von der Hochschule in den Beruf

Der Übergang von der Hochschule in den Beruf kann am besten mit Hilfe von Absolventenbefragungen skizziert werden. So interviewten Briedis und Minks (2004) AbsolventInnen des Prüfungsjahrgangs 2001 etwa eineinhalb Jahre nach dem Examen, eine weitere Untersuchung (Minks/ Briedis 2005) richtet sich auf die Bachelor-AbsolventInnen der Jahre 2001 bis 2003. Den internationalen Vergleich öffnet eine Studie von Schomburg/Teichler (2003). In elf europäischen Ländern sowie Japan wurden im Jahr 1998/99 AkademikerInnen befragt, die rund vier Jahre zuvor ihr Examen abgelegt hatten. Diese Untersuchungen kommen im Kern zu eher positiven Ergebnissen in Hinblick auf den Berufseinstieg dieser Abschlusskohorten in der Bundesrepublik. Deutlich wird aber unter anderem die zum Teil enorme Streuung der Arbeitsmarkt- und Beschäftigungschancen insbesondere nach Studienfach.

Kommen wir zunächst zu der Erwerbstätigkeit und den Beschäftigungsbedingungen. Im europäischen Vergleich sind rund vier Jahre nach dem Examen auch kaufkraftbereinigt die durchschnittlichen Brutto-*Jahreseinkommen* bei deutschen HochschulabsolventInnen am höchsten (Schomburg/Teichler 2003: 37f.). Allerdings unterscheiden sich die Einkommen von AkademikerInnen je nach Fachrichtung zum Teil erheblich: Anderthalb Jahre nach dem Examen im Jahr 2001 erzielten UniversitätsabsolventInnen des Wirtschaftsingenieurwesens und der Informatik durchschnittlich um die 44 000 Euro brutto im Jahr, während die Einkommen der Magister-AbsolventInnen sowie der AbsolventInnen der Pädagogik und der Sprach- und Kulturwissenschaften nur etwa halb so hoch lagen (Briedis/Minks 2004: 134). Die Einstiegsgehälter der ersten Bachelor-AbsolventInnen sind niedriger als die von Diplom-AbsolventInnen (Minks/Briedis 2005: 110f.). Zum Beispiel erzielten Bachelor-AbsolventInnen der Fächergruppe Ingenieurwissenschaften/Informatik/Wirtschaftswissenschaften (Uni) mit einem durchschnittlichen Brutto-Jahreseinkommen von 32 400 Euro um rund 7000 Euro geringere Einkommen als ihre FachkollegInnen mit Diplomabschluss. Erstere werden aber nach einer kürzeren Ausbildungszeit erwerbstätig und können diese Differenz in der Folgezeit möglicherweise ausgleichen.

Auch zur Frage der *ausbildungsadäquaten Beschäftigung* geben Absolventenstudien Auskunft: Von den 1998/99 in elf europäischen Ländern befragten AbsolventInnen, die vor rund vier Jahren ihr Examen abgelegt hatten, empfanden im Durchschnitt 13 Prozent ihre berufliche Situation als nicht ausbildungsadäquat. In der Bundesrepublik lag dieser Wert bei 16 Prozent (Schomburg/Teichler 2003: 38ff.). Aber auch hier existieren wieder deutliche Unterschiede nach Studienfach: Anderthalb Jahre nach dem Abschluss im Jahr 2001 sehen sich vor allem AbsolventInnen der Elektrotechnik, Informatik, Physik, (Lebensmittel-)Chemie, Pharmazie und Humanmedizin als adäquat beschäftigt (Anteilswerte zwischen 60% und 71%). Inadäquat beschäftigt sehen sich vor allem AbsolventInnen der Pädagogik und der Magisterfächer (28% und 34%; Briedis/Minks 2004: 140f.). Von den ersten Bachelor-AbsolventInnen auf dem Arbeitsmarkt betrachten sich rund die Hälfte als voll oder zumindest weitgehend adäquat beschäftigt. Aber ein Viertel der Universitäts- und 37 Prozent der FachhochschulabsolventInnen von Bachelor-Studiengängen stufen sich als inadäquat beschäftigt ein (Minks/Briedis 2005: 105ff.). Betroffen sind vor allem AbsolventInnen der noch relativ neuen gesundheitswissenschaftlichen FH-Fächer.

Knapp ein Viertel der deutschen HochschulabsolventInnen hat rund vier Jahre nach dem Examen *befristete Verträge*. Dieser Anteilswert entspricht dem europäischen Durchschnitt; besonders häufig finden sich befristete Verträge bei den finnischen (35%) und vor allem spanischen AbsolventInnen (50%; Schomburg/Teichler 2003: 36). Und auch hier sind fächerspezifische Unterschiede wieder deutlich: Zum Beispiel haben nur verschwindend wenige der InformatikabsolventInnen in Deutschland, die in die private Wirtschaft gegangen sind, eineinhalb Jahre nach ihrem Examen 2001 befristete Verträge (Uni: 1%; FH: 5%). Von den AbsolventInnen der baubezogenen Fächer mit ihrem seit Mitte der 90er Jahre schwierigen Arbeitsmarkt (Parmentier/Schade/Schreyer 1999) betrifft dies zwischen 11 und 18 Prozent, und auch Werk- und Honorarverträge sind hier stark vertreten (Briedis/Minks 2004: 119ff.).[5] Bei den ersten Bachelor-AbsolventInnen von Universitäten auf dem Arbeitsmarkt fallen relativ viele *Praktika* auf – absolviert nicht während, sondern nach dem Studium (Minks/Briedis 2005: 100). Unklar ist, ob dies als vorübergehendes Phänomen der ersten Bachelor-Generation zu werten ist oder ob sich hier neue Muster des Übergangs von der Hochschule ins Beschäftigungssystem andeuten. MitarbeiterInnen von Hochschulteams der Bundesagentur für Arbeit berichten jedenfalls von einer Zunahme unbezahlter oder nicht Existenz sichernd bezahlter Praktika »fertiger« HochschulabsolventInnen nach dem Examen.[6] In der Grauzone des Arbeitsmarktes angesiedelt, existieren bislang aber keine verlässlichen Daten zu diesem »Zwitter«, einer Mixtur aus Ausbildungs- und Arbeitsverhältnis.

Berufliche Weiterbildung ist häufig. Analysen einer etwa fünf Jahre nach dem Examen durchgeführten Befragung von HochschulabsolventInnen des Prüfungsjahrgangs 1993 ergaben, dass gut drei Viertel der Befragten in diesem Zeitraum an beruflicher Weiterbildung teilgenommen haben (Willich/Minks/Schaeper 2002: 19). Deutlich wird aber auch, dass Weiterbildung insbesondere von der Integration in das Erwerbssystem abhängt und sich auch innerhalb der Gruppe der AkademikerInnen das oben angeführte »Matthäus-Prinzip« bewahrheitet. So nutzen AkademikerInnen, die »diskontinuierliche Erwerbsverläufe aufweisen, sich in ungesicherten und ›lockeren‹ Beschäftigungsverhältnissen befinden, in kleinen Betrieben beschäftigt sind und die unteren Ränge der betrieblichen Statushierarchie einnehmen, (…) Weiterbildungsmöglichkeiten vergleichsweise selten und werden von ihren Arbeitgebern auch seltener gefördert und finanziell unterstützt. Frauen, auch Frauen mit Kindern, beteiligen sich in etwa gleichem Umfang an Weiterbildung wie Männer; allerdings sind sie häufiger auf eigenes Engagement angewiesen. Dabei ist das geringere betriebliche Engagement weniger Ausdruck einer direkten Benachteiligung, sondern dürfte eher indirekt mit geschlechtsspezifischen Erwerbsverläufen und -formen« zusammenhängen (Willich/Minks/Schaeper 2001: 1).

In der oben angeführten internationalen Befragung gaben 2 Prozent der deutschen Absolventinnen *Arbeitslosigkeit* als »hauptsächliche Tätigkeit« seit ihrem Studienabschluss vor vier Jahren an. In Spanien (18 %) und Italien (9 %) lagen diese Anteile wesentlich höher (Schomburg/Teichler 2003: 34). Amtliche Statistiken[7] deuten darauf hin, dass Arbeitslosigkeit wieder stärker ein Problem des Übergangs von der Hochschule in den Beruf bzw. der ersten Berufsjahre geworden ist. Nachdem der Anteil der Jüngeren (unter 35 Jahren) an den gemeldeten Arbeitslosen über lange Jahre hinweg sank und Akademikerarbeitslosigkeit immer mehr zu einem Problem der Älteren wurde, stieg er 2002 erstmals wieder (Reinberg/Schreyer 2003: 6). Die Arbeitslosenquote der AkademikerInnen bis maximal 34 Jahre lag 2004 mit 4,8 Prozent fast doppelt so hoch wie im Jahr 2000 mit 2,6 Prozent (Reinberg/Hummel 2005: 5).

3. Perspektiven

Auch wenn die Zukunft von Arbeitsmärkten gerade im Zuge der Globalisierung nicht sicher vorausgesagt werden kann: Die Beschäftigungschancen von AkademikerInnen dürften weiter steigen. Diese optimistische Annahme hat drei Grundlagen.

Da ist erstens der bereits thematisierte Strukturwandel des Beschäftigungssystems in Richtung Höherqualifizierung. Die Bundesrepublik befindet sich wie andere hoch entwickelte Wirtschaftsnationen auch auf dem Weg in eine Wissens- und Informationsgesellschaft. Von der damit verbundenen Expansion anspruchsvoller, »sekundärer« Dienstleistungstätigkeiten etwa im Bereich Forschung und Entwicklung, Beratung und Lehre profitieren AkademikerInnen am meisten (*Abbildung 3*, S. 40; Reinberg/Hummel 2003; Bund-Länder-Kommission für Bildungsplanung und Forschungsförderung 2001).

Zum Zweiten vollzieht sich in der Bundesrepublik ein tief greifender demografischer Wandel (Fuchs/Söhnlein 2005). Die Erwerbsbevölkerung (Bevölkerung im Alter von 15 bis 64 Jahren) wird zahlenmäßig stark abnehmen und das »Arbeitskräfteangebot« sinken. Im Jahr 2002 waren in Deutschland knapp 56 Millionen Menschen im erwerbsfähigen Alter. Selbst wenn man von einer, gemessen an bisherigen Größenordnungen, unrealistisch hohen jährlichen Nettozuwanderung von 200 000 AusländerInnen ausgeht, werden im Jahr 2050 nur mehr 43 Millionen Menschen zwischen 15 und 64 Jahren in Deutschland leben (*Abbildung 4*, S. 41). In anderen Industriestaaten sind ähnliche Entwicklungen zu beobachten (Eichhorst/Thode 2002: 44f.), wenn auch nicht immer so ausgeprägt.

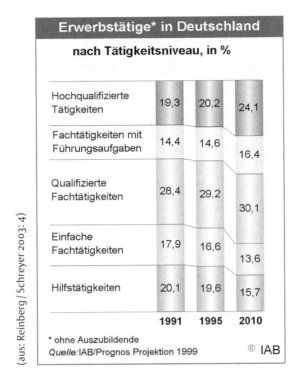

(aus: Reinberg / Schreyer 2003: 4)

Zum Dritten lässt die Qualifikationsentwicklung der Bevölkerung in Verbindung mit dem Strukturwandel und dem demografischen Wandel einen Mangel insbesondere an Hochqualifizierten erwarten (Reinberg/Hummel 2003; Bund-Länder-Kommission für Bildungsplanung und Forschungsförderung 2001). Die derzeitige Akademikererwerbstätigkeit wird hauptsächlich von den mittleren Altersgruppen getragen. In den nächsten ein bis zwei Jahrzehnten scheiden diese geburtenstarken Jahrgänge sukzessive aus dem Erwerbsleben aus. Sie könnten nur dann halbwegs ausreichend ersetzt werden, wenn die nachrückenden geburtenschwachen Jahrgänge deutlich besser qualifiziert sein würden als frühere Kohorten. Dies ist derzeit aber nicht in Sicht. Entgegen verbreiteter Annahmen ist die Bildungsexpansion der letzten Jahrzehnte in Westdeutschland seit Beginn der 90er Jahre mehr oder weniger zum Stillstand

Projektion der 15- bis 64-Jährigen bis 2050 unter verschiedenen
Wanderungsannahmen

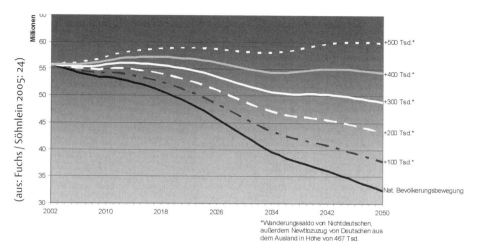

gekommen. Beispielsweise sank die Brutto-Studierquote[8] ein halbes Jahr
nach Schulabgang von 76 Prozent beim Studienberechtigten-Jahrgang
1990 auf 65 Prozent beim Jahrgang 1999. Beim Jahrgang 2002 stieg sie
wieder leicht auf 69 Prozent (Heine/Spangenberg/Sommer 2004).

Offen bleibt, ob dies ein dauerhafter Aufwärtstrend ist. Die Zahl der
StudienanfängerInnen ist im Jahr 2004 jedenfalls wieder gesunken (um
6 % im Vergleich zum Vorjahr), auch in den als besonders zukunftsträch-
tig geltenden Ingenieur- und Naturwissenschaften (Statistisches Bundesamt 2004). Gleichzeitig bleiben die Studienabbruchquoten hoch: Von
100 deutschen StudienanfängerInnen erreichen im Schnitt nur 75 einen
Hochschulabschluss. Überdurchschnittliche Abbrecherquoten finden
sich nicht nur in den Sprach- und Kulturwissenschaften, sondern – an
Universitäten wie an Fachhochschulen – auch in den Wirtschaftswissenschaften, in der Informatik und in der Elektrotechnik (Heublein/Schmel-
zer/Sommer 2005).

4. Fazit

Bei allen Unterschieden nach Studienfach, Konjunktur oder Geschlecht: Die Gruppe der AkademikerInnen war bereits in der Vergangenheit am Arbeitsmarkt und bei den Beschäftigungsbedingungen eher privilegiert. Dies zeigt sich etwa bei der Arbeitslosigkeit, bei der Adäquanz der Tätigkeit und beim Einkommen.

In Zukunft wird der Bedarf an Hochqualifizierten weiter steigen. Dies begründet sich im Strukturwandel des Beschäftigungssystems hin zur Informations- und Wissensgesellschaft. Bevölkerungsrückgang und Bildungsstagnation werden Projektionen zufolge zu einem Mangel an akademisch gebildeten Fachkräften führen. Vor diesem Hintergrund dürfte sich mittelfristig auch die Situation in weniger »marktgängigen« Fächern aus den Sozial- und Geisteswissenschaften entspannen. Hat sich doch bereits in der Vergangenheit immer wieder gezeigt, dass bei Fachkräftemangel die Offenheit von Betrieben gegenüber »QuereinsteigerInnen« zunimmt (Dostal 2002; Arbeitsmarkt-Informationsservice div. Jg.).

Für die Bildungs- und Gesellschaftspolitik ergeben sich vor diesem Hintergrund eine Reihe von Anforderungen, von denen abschließend zwei genannt werden: Zum einen gilt es, die auch im internationalen Vergleich hohe soziale Ungleichheit beim Hochschulzugang abzubauen (Isserstedt u. a. 2004: 6ff.) – nicht nur aus ökonomischen Gründen, sondern auch aus Gründen der Chancengleichheit. Deutschland hat ein höheres Potenzial an ausbildungsfähigen Personen, als es derzeit erschließt. Gerade Kinder mit Migrationshintergrund und aus ausbildungsschwachen Elternhäusern müssen früh gefördert und dürfen nicht ausgegliedert werden (Allmendinger 2005 und 2004).

Zum anderen müssen bei der derzeitigen Studienstrukturreform im Zuge des Bologna-Prozesses die Weichen richtig gestellt werden. Derzeit ist noch weitgehend offen, ob und welche Übergangsquoten vom Bachelor- in das Master-Studium festgelegt werden. Allerdings ist der Bachelor bereits offiziell als Regelabschluss eines Hochschulstudiums definiert (Sekretariat der KMK 2003). Diese Definition »gibt jedoch implizit Übergangsquoten in das Masterstudium vor, besagt der Begriff Regelabschluss doch, dass die Mehrheit der Hochschulabsolventen dieses Qualifikationsniveau erreichen soll und die Aufnahme eines Master-Studiums im direkten Anschluss an das Bachelor-Studium eben nicht zum Regelfall wird« (Minks/Briedis 2005: 77). Sofern in den Bundesländern Übergangsquoten diskutiert bzw. geplant werden, liegen diese etwa zwischen 25 und 50 Prozent (vgl. auch: Horstkotte 2005). Vor dem Hintergrund steigender Qualifikationsanforderungen im Beschäftigungssystem und einer zunehmend globalisierten Welt ist aber zu fragen, inwieweit es sinnvoll sein kann, nur einen Teil der interessierten Bachelor-AbsolventInnen zum Master-Studium zuzulassen. Die Zahl der Höherqualifizierten wird dadurch weiter begrenzt.

Mathias Grewe, der Held aus »Von der Nutzlosigkeit, erwachsen zu werden«, mit dem wir unseren Beitrag begannen, musste nach seinem Studium die Erfahrung machen: »Mit dem Gefühl, für vieles geeignet zu sein, muss ich heute feststellen, dass ich für nichts gebraucht werde.« Ähnlich Trauriges werden viele gut qualifizierte Menschen auch in jüngerer Zeit erleben. Für viele wird diese Erfahrung aber vorübergehend sein, denn der Arbeitsmarkt für AkademikerInnen ist, trotz allem, gut. Und begründet zu erwarten ist – auch dies sollte unser Beitrag zeigen –, dass er sich mittelfristig noch verbessern wird.

Anmerkungen

1 Ausgewertet wurde auch hier wieder das Sozio-Ökonomische Panel. Um sich Umfang und Strukturen von Inadäquanz auf dieser Datenbasis anzunähern, werden die Angaben der Interviewten zu ihrem formalen Qualifikationsniveau mit denen zum Anforderungsniveau ihres Arbeitsplatzes abgeglichen (Büchel/Weißhuhn 1997: 13ff.). Allgemein ist die Erfassung von Ausbildungsinadäquanz mit erheblichen inhaltlichen und methodisch-empirischen Problemen verbunden, so dass Ergebnisse immer nur Annäherungen an ein komplexes und sich historisch wandelndes Phänomen sind (Büchel 1998; Plicht/Schreyer 2002; Plicht/Schober/Schreyer 1994).

2 Die Angaben von Personen, deren Erwerbsarbeit unmittelbar mit einer Ausbildung verknüpft war (z.B. Referendariate, Facharztausbildung), wurden wegen des damit einhergehenden Sonderstatus aus den Berechnungen ausgeklammert. Bei Promotions- und Habilitationsstellen war dies nicht möglich.

3 Während der Zusammenhang zwischen Qualifikationsniveau »und formeller Weiterbildung empirisch klar belegt werden konnte, sind die Befunde zur qualifikationsspezifischen Teilnahme an informeller Weiterbildung nicht ganz eindeutig« (Wilkens/Leber 2003: 331). So ist offen, ob informelle Weiterbildung bestehende Qualifikationsunterschiede verringert oder vergrößert.

4 Hinter der Stagnation verbergen sich unterschiedliche Entwicklungen, und zwar auch je nach Studienfach. Während zwischen September 2003 und September 2004 bei den Universitätsfächern die Arbeitslosigkeit etwa bei Maschinenbau, Elektrotechnik und Wirtschaftswissenschaften leicht sank, nahm sie bei den Sozialwissenschaften, und hier vor allem bei der Pädagogik, weiter zu.

5 Ergebnisse zum Absolventenjahrgang 2001 können mit früheren zu den Jahrgängen 1989, 1993 und 1997 gespiegelt werden. Es zeigt sich, dass sich der seit den 80er Jahren beobachtbare Rückgang von unbefristeten Vollzeitstellen in der privaten Wirtschaft beim Prüfungsjahrgang 2001 nicht fortsetzte; bei den FH-AbsolventInnen nahmen unbefristete Vollzeitstellen sogar zu – die baubezogenen Fächer ausgenommen. Briedis/Minks (2004: VIf.) raten jedoch zu einer vorsichtigen Interpretation des Befunds: »Für die Behauptung einer Trendumkehr zu mehr Beschäftigungsstabilität ist diese Entwicklung (…) noch zu neu.«

6 Als weiterer weicher Indikator für zunehmende Praktika nach Studienabschluss kann auch die Bildung der Unternehmensinitiative »Fair Company – Die bessere Chance für Absolventen« gesehen werden, die diesem Trend entgegenwirken will (www.jungekarriere.com/fair-company). Derzeit konstituiert sich, zur Selbsthilfe und politischen Interessenvertretung, auch ein Verein betroffener AbsolventInnen (www.fairwork-verein.de).

7 Aus Gründen höherer Aktualität wird hier auf amtliche Statistiken und nicht auf Absolventenbefragungen Bezug genommen.

8 Die Brutto-Studierquote bezeichnet den »Anteil all jener Hochschulzugangsberechtigten eines Jahrgangs, die ein Studium an einer Universität oder an einer Fachhochschule aufnehmen (werden), unabhängig vom erfolgreichen Abschluss dieses Studiums« (Heine/Spangenberg/Sommer 2004: 4).

Literatur

AG Hochschulforschung (Hrsg.): *Datenalmanach. Studierendensurvey 1983–2004* (Hefte zur Bildungs- und Hochschulforschung 43 der Universität Konstanz). Konstanz 2004

Allmendinger, Jutta: »Ein ausbruchssicheres Gefängnis. Wer nichts lernt, bleibt arm. Dagegen hilft nur eine bessere Bildungspolitik«. In: *Frankfurter Rundschau* vom 23.06.2005

Allmendinger, Jutta: »Verschenkte Chancen. Handlungsspielräume für die Bildungspolitik«. In: *Internationale Politik* Nr. 5, 2004

Arbeitsmarkt-Informationsservice der Zentralstelle für Arbeitsvermittlung der Bundesagentur für Arbeit (div. Jg.), Der Arbeitsmarkt für hoch qualifizierte Fach- und Führungskräfte. Jahresbericht (aktueller Jahresbericht unter: http://www.arbeitsagentur.de/content/de_DE/hauptstelle/a-01/importierter_inhalt/ pdf/AMS_Jahresbericht2004.pdf; 23.06.2005)

Briedis, Kolja/Minks, Karl-Heinz: *Zwischen Hochschule und Arbeitsmarkt. Eine Befragung der Hochschulabsolventinnen und Hochschulabsolventen des Prüfungsjahres 2001*, 2004 (HIS-Projektbericht, http://www.bmbf.de/pub/his_projektbericht_12_03.pdf)

Büchel, Felix: *Zuviel gelernt? Ausbildungsinadäquate Erwerbstätigkeit in Deutschland.* Bielefeld 1998

Büchel, Felix/Weißhuhn, Gernot: *Unter Wert verkauft. Ausbildungsinadäquate Beschäftigung von Frauen in West- und Ostdeutschland.* Bielefeld 1997

Bund-Länder-Kommission für Bildungsplanung und Forschungsförderung BLK: *Zukunft von Bildung und Arbeit. Perspektiven von Arbeitskräftebedarf und -angebot bis 2015.* 2001 (im Internet unter http://www.blk-bonn.de/papers/heft104.pdf)

Dostal, Werner: *IT-Arbeitsmarkt: Chancen am Ende des Booms.* IAB-Kurzbericht Nr. 19, 2002 (http://doku.iab.de/kurzber/2002/kb1902.pdf)

Eichhorst, Werner/Thode, Eric: *Strategien gegen den Fachkräftemangel.* Band 1: Internationaler Vergleich. Gütersloh 2002

Fuchs, Johann/Söhnlein, Doris: *Vorausschätzung der Erwerbsbevölkerung bis 2050.* IAB-Forschungsbericht Nr. 16, 2005 (http://doku.iab.de/forschungsbericht/2005/fb1605.pdf)

Heine, Christoph/Spangenberg, Heike/Sommer, Dieter: *Ergebnisse der ersten Befragung der Studienberechtigten 2002 und Vergleich mit den Studienberechtigten 1990, 1994, 1996 und 1999 – eine vergleichende Länderanalyse.* HIS-Kurzinformation Nr. A1, 2004 (http://www.his.de/pdf/Kia/kia200401.pdf)

Heinzen, Georg/Koch, Uwe: *Von der Nutzlosigkeit, erwachsen zu werden.* Reinbek bei Hamburg 1989

Heublein, Ulrich / Schmelzer, Robert / Sommer, Dieter: *Studienabbruchstudie 2005. Die Studienabbrecherquoten in den Fächergruppen und Studienbereichen der Universitäten und Fachhochschulen.* HIS-Kurzinformation Nr. A1, 2005 (http://www.his.de/pdf/Kia/kia200501.pdf)

Hierlmeier, Josef: *Internationalismus. Eine Einführung in die Ideengeschichte von Vietnam bis Genua.* Stuttgart 2002

Horstkotte, Hermann: »Turbostudium auf Bachelor: Lieber den Stift als den Gesellen«. In: *SPIEGEL ONLINE*, 2005 (http://www.spiegel.de/unispiegel/studium/0,1518,355518,00.html; 18.05.2005)

Isserstedt, Wolfgang u. a.: *Die wirtschaftliche und soziale Lage der Studierenden in der Bundesrepublik Deutschland 2003.* 17. Sozialerhebung des Deutschen Studentenwerks durchgeführt durch HIS Hochschul-Informations-System (hrsg. vom Bundesministerium für Bildung und Forschung), Berlin 2004 (http://www.studentenwerke.de/se/2004/Hauptbericht_soz_17.pdf)

Minks, Karl-Heinz / Briedis, Kolja: *Der Bachelor als Sprungbrett? Ergebnisse der ersten bundesweiten Befragung von Bachelorabsolventinnen und Bachelorabsolventen.* Teil II: Der Verbleib nach dem Bachelorstudium. HIS-Kurzinformation Nr. A4, 2005 (http://www.his.de/pdf/Kia/kia200504.pdf)

Plicht, Hannelore / Schreyer, Franziska: Methodische Probleme der Erfassung von Adäquanz der Akademikerbeschäftigung. In: Kleinhenz, Gerhard (Hrsg.): *IAB-Kompendium Arbeitsmarkt- und Berufsforschung* (Beiträge zur Arbeitsmarkt- und Berufsforschung 250). Nürnberg 2002 (http://doku.iab.de/beitrab/2002/beitr250_806.pdf)

Plicht, Hannelore / Schober, Karen / Schreyer, Franziska: »Zur Ausbildungsadäquanz der Beschäftigung von Hochschulabsolventinnen und -absolventen. Versuch einer Quantifizierung anhand der Mikrozensen 1985 bis 1991«. In: *Mitteilungen aus der Arbeitsmarkt- und Berufsforschung* Heft 3, 1994 (http://doku.iab.de/mittab/1994/1994_3_MittAB_Plicht_Schober_Schreyer.pdf)

Reinberg, Alexander / Hummel, Markus: *Höhere Bildung schützt auch in der Krise vor Arbeitslosigkeit.* IAB-Kurzbericht, Nr. 9, 2005 (http://doku.iab.de/kurzber/2005/kb0905.pdf)

Reinberg, Alexander / Hummel, Markus: *Bildungspolitik: Steuert Deutschland langfristig auf einen Fachkräftemangel zu?* IAB-Kurzbericht, Nr. 9, 2003 (http://doku.iab.de/kurzber/2003/kb0903.pdf)

Reinberg, Alexander / Schreyer, Franziska: *Arbeitsmarkt für AkademikerInnen: Studieren lohnt sich auch in Zukunft.* IAB-Kurzbericht, Nr. 20, 2003 (http://doku.iab.de/kurzber/2003/kb2003.pdf)

Schomburg, Harald/Teichler, Ulrich: »Hochschulabsolventen in Japan und Europa –
    zukunftsfähig und erfolgreich? Ergebnisse einer internationalen Hochschul-
    absolventenuntersuchung«. In: Schwarz, Stefanie/Teichler, Ulrich (Hrsg.):
    Universität auf dem Prüfstand. Konzepte und Befunde der Hochschulforschung.
    Frankfurt a. M./New York 2003

Schreyer, Franziska: *»Unsichere« Beschäftigung trifft vor allem die Niedrigqualifizierten.*
    IAB-Kurzbericht, Nr. 15, 2002
    (http://doku.iab.de/kurzber/2000/kb1500.pdf)

Sekretariat der Ständigen Konferenz der Kultusminister der Länder in der Bundes-
    republik Deutschland (KMK): *10 Thesen zur Bachelor- und Masterstruktur in Deutschland.*
    Beschluss der Kultusministerkonferenz vom 12. 06. 2003
    (http://www.kultusministerkonferenz.de/doc/beschl/BMThesen.pdf)

Statistisches Bundesamt: *Pressemitteilung Nr. 505 vom 29.11.2004:*
    »Derzeit 3 % weniger Studierende als im vorigen Wintersemester«
    (http://www.destatis.de/presse/deutsch/pm2004/p5050071.htm)

Weißhuhn, Gernot/Große Rövekamp, Jörn: *Bildung und Lebenslagen in Deutschland –
    Auswertungen und Analysen für den zweiten Armuts- und Reichtumsbericht der Bundes-
    regierung* (Bildungsreform Band 9 des BMBF). Berlin 2004
    (http://www.bmbf.de/pub/bildungsreform_band_neun.pdf)

Wilkens, Ingrid/Leber, Ute: »Partizipation an beruflicher Weiterbildung –
    Empirische Ergebnisse auf Basis des Sozio-Ökonomischen Panels«.
    In: *Mitteilungen aus der Arbeitsmarkt- und Berufsforschung* Heft 3, 2003

Willich, Julia/Minks, Karl-Heinz/Schaeper, Hildegard: *Was fördert, was hemmt die
    Teilnahme an beruflicher Weiterbildung? Die Rolle von Familie, Betrieb und Beschäftigungs-
    situation für die Weiterbildung von jungen Hochqualifizierten.* HIS-Kurzinformation,
    Nr. A4, 2002
    (http://www.his.de/Service/Publikationen/Kia/pdf/Kia/kia200204.pdf)

Niedere Position, weniger Geld

Für viele Akademiker sind die fetten Jahre vorbei

Von Christiane Mück und Karen Mühlenbein

»Zu wenige Akademiker in Deutschland« – gebetsmühlenartig wurde diese Klage in den unzähligen Debatten über die Leistungsfähigkeit des deutschen Hochschulsystems in den letzten Jahren wiederholt. Politik, Wirtschaft und wissenschaftliche Forschung sind sich einig, dass ein zu geringer Akademikeranteil in der deutschen Bevölkerung das Wachstum und die Konkurrenzfähigkeit Deutschlands schwächt. Im internationalen Vergleich scheint die Klage berechtigt: Die »Akademikerquote«, also der Bevölkerungsanteil mit Hochschulabschluss, ist in Deutschland mit 19,2 Prozent deutlich niedriger als im Durchschnitt der OECD-Länder, der bei 31,8 Prozent liegt. Allerdings hat dies Deutschland in der Vergangenheit kaum geschadet, denn dank des funktionierenden Systems der dualen Berufsausbildung gab es immer auch qualifizierte Fachkräfte ohne Hochschulausbildung.

Dennoch wird seit Anfang der 1990er Jahre mit allen Mitteln versucht, das deutsche Hochschulwesen auszuweiten. Unvergessen ist Roman Herzogs Forderung nach einer höheren Wertschätzung von Bildung, der wichtigsten Ressource in unserem »rohstoffarmen Land«. Gefordert sind vor allem die Hochschulen, schließlich sollen diese den hoch qualifizierten Nachwuchs für das Informationszeitalter ausbilden. Die aktuelle Bundesregierung hat sich zum Ziel gesetzt, dass im Jahr 2010 mindestens 40 Prozent eines Altersjahrgangs ein Hochschulstudium aufnehmen, um so langfristig eine Akademikerquote zu erreichen, die im internationalen Durchschnitt liegt. Die häufig als Referenz herangezogenen Quoten in den USA, Großbritannien, Frankreich und Japan sind heute schon höher.

Die ersten Effekte dieser Hochschulpolitik waren schon zur Jahrtausendwende deutlich auf dem Arbeitsmarkt zu spüren. Der Anteil der 25- bis 32-Jährigen mit Hochschulabschluss wuchs von 1991 bis 2001 von unter 13 Prozent auf knapp 19 Prozent, was ein Anstieg um fast die Hälfte ist. Obwohl die Hochschulen nach eigener Einschätzung aus allen Nähten platzen, werden diese Ergebnisse als Erfolgsgeschichte der deutschen Hochschulpolitik in den letzten Jahren dargestellt. Letzter Meilenstein war die historische Überschreitung der Grenze von zwei Millionen Studierenden in Deutschland im Wintersemester 2003/04. Die Gebühren für Zweitstudien und Langzeitstudierende zeigen zwar abschreckende Wirkung, doch der Trend zu mehr Studienanfängern hält sich.

Viel Arbeit, wenig Brot

Ein Studium scheint so attraktiv zu sein wie nie zuvor. Doch was versprechen sich die angehenden Akademiker von ihrer Hochschulausbildung? Und können diese Erwartungen angesichts der Akademikerschwemme in Deutschland erfüllt werden? Drei Hoffnungen werden mindestens an die Aufnahme eines Studiums geknüpft: ein sicherer Job, ein hohes Einkommen sowie eine interessante Beschäftigung, die persönliche Zufriedenheit verspricht. Während bei der Bewertung von Aussagen über die Jobzufriedenheit ein großer Interpretationsspielraum besteht, kann man anhand »harter« Fakten beurteilen, ob sich die Erwartungen auf einen sicheren Arbeitsplatz und ein hohes Einkommen auf dem Arbeitsmarkt erfüllt haben. Auskunft darüber gibt der Mikrozensus des Statistischen Bundesamtes, der für die Jahre 1991, 1995, 1998 und 2001 ausgewertet wurde.

Die gute Nachricht zuerst: Es gibt offenbar genug zu tun für die wachsende Akademikerschar in Deutschland. Die Arbeitslosenquote für Akademiker ist zwischen 1991 und 2001 gesunken. Zwar ist in den letzten Jahren wieder ein leichter Anstieg zu verzeichnen, doch immer noch sind nicht einmal 4 Prozent der Akademiker ohne Job. Hingegen ist für die Absolventen einer Berufsausbildung das Risiko, arbeitslos zu werden, seit 1991 von rund 6 Prozent auf knapp 9 Prozent gestiegen, und die potenziellen Arbeitnehmer ohne Ausbildung sind noch weitaus gefährdeter. Vom Studium in die Arbeitslosigkeit – dieses Schreckgespenst spukt seit den 1970er Jahren regelmäßig durch die deutschen Debattierstuben. Dabei ist dieses Szenario auch in Zeiten höherer Akademikerquoten genauso selten wie zuvor.

Die Kehrseite des Ansturms auf akademische Weihen zeigt sich auf dem Gehaltszettel. Ein Studium ist zwar immer noch ein Garant für einen erfolgreichen Übergang vom Bildungs- ins Beschäftigungssystem. Das heißt aber noch lange nicht, dass die Berufseinsteiger irgendwann aufsteigen und entsprechend viel verdienen. Der Unterschied zwischen den Gehältern von Akademikern einerseits und Absolventen einer Berufsausbildung andererseits ist geringer geworden. Konkret gesprochen: In den alten Bundesländern ist die Einkommensprämie für Akademiker, also deren prozentualer Mehrverdienst im Vergleich zum Durchschnittsgehalt der Absolventen einer Berufsausbildung, von 1991 bis 2001 um 20 Prozent für Männer und um 11 Prozent für Frauen gefallen. Der Arbeitsmarkt im Westen zeigte sich damit recht rigide: Das Angebot an Akademikern stieg, die Nachfrage blieb konstant und setzte einen Preisverfall in Gang. Im Durchschnitt verdienen Akademikerinnen und Akademiker in den alten Bundesländern nur noch rund 50 Prozent mehr als die Absolventen einer Berufsausbildung.

In den neuen Bundesländern erhielt der durchschnittliche Akademiker im Jahr 2001 knapp 60 Prozent und die durchschnittliche Akademikerin rund 50 Prozent mehr Gehalt als die Absolventen einer Berufsausbildung. Die Einkommensprämien sind seit 1991 deutlich gestiegen, nämlich um 77 Prozent bei den Männern und um 66 Prozent bei den Frauen – und das, obwohl deutlich mehr Akademiker in den ostdeutschen Arbeitsmarkt eintraten. Der Einkommensanstieg kann in den ersten Jahren nach der Wiedervereinigung noch auf Anpassungsprozesse zurückgeführt werden. Aber auch später scheint es einen wachsenden Bedarf an Akademikern in den neuen Bundesländern gegeben zu haben.

Akademikerinnen im Sonderangebot

Für eine steigende Zahl von Akademikern lohnt sich das Studium finanziell überhaupt nicht mehr. 25 Prozent aller Akademiker mit Einkommen verdienen weniger als der durchschnittliche Absolvent einer Berufsausbildung. Nicht nur, dass die Betroffenen während ihrer fünf oder mehr Jahre Studium auf Einkommen verzichtet haben: Sie erhalten auch nach ihrem Abschluss keinen finanziellen Ausgleich auf dem Arbeitsmarkt. Die Geringverdiener unter den Hochschulabsolventen sind vor allem Frauen – in den alten wie in den neuen Bundesländern. Auch wenn man nur Vollzeitarbeitskräfte betrachtet, stellt man fest, dass Frauen offensichtlich immer noch in geringer bezahlten Berufen tätig sind oder schlicht weniger verdienen als ihre männlichen Kollegen. Im Westen nimmt allerdings auch der Anteil der unterdurchschnittlich verdienenden männlichen Akademiker seit 1991 zu.

Auch das andere Ende der Einkommensskala ist in Bewegung. Das am besten verdienende Viertel der Akademiker in den neuen Bundesländern kann sich über eine steigende Einkommensprämie zwischen 1991 und 2001 freuen: Diese Akademikerinnen und Akademiker verdienen 80 Prozent beziehungsweise 100 Prozent mehr als der durchschnittliche Absolvent einer Berufsausbildung. Im Westen dagegen müssen auch die Topverdiener unter den Akademikern Einbußen bei der Einkommensprämie hinnehmen.

Wie ergeht es den Jungakademikern? Wieder sind hier die Frauen im Westen die Leidtragenden: Die Einkommensprämie von Hochschulabsolventinnen mit weniger als zehn Jahren Berufserfahrung fällt stärker als die der älteren Akademikerinnen. Hierfür gibt es zwei mögliche Ursachen: Zum einen ist der Anteil der Frauen an den Akademikern insgesamt überproportional gestiegen; zum anderen könnte die Qualität der Ausbildung gesunken sein. Ansonsten stehen die jungen Hochschulabsolventen hoch im Kurs. Betrachtet man die Männer in den alten und neuen Bundesländern, erzielt im Jahr 2001 die Gruppe mit der geringsten Berufserfahrung die höchste Einkommensprämie. Hier ist offenbar das aktuelle Fachwissen aus der Hochschule in vielen Fällen wichtiger als langjährige Berufserfahrung. Im Osten konnten sogar die jungen Frauen

– wenn auch auf niedrigerem Niveau – ihre Einkommensprämien deutlich steigern. Nur junge Akademikerinnen in den alten Bundesländern sind also vergleichsweise günstig auf dem Arbeitsmarkt zu erwerben. Für alle anderen Akademiker gilt: je jünger, desto teurer. Deutschland scheint bereit zu sein für akademisch gut ausgebildete, international gewandte Nachwuchsführungskräfte der Computer-Generation.

Berufsbild im Wandel

Gleichzeitig beginnt sich das klassische Berufsbild der Akademiker zu verändern. Sie arbeiten heute vielfach in Berufen, die früher von Nichtakademikern ausgeübt wurden. Ein Verdrängungsprozess findet statt. Zwar sind immer noch über 90 Prozent der Akademiker in technischen und Dienstleistungsberufen tätig. Doch nimmt die Zahl der Akademiker in Fertigungs- und Agrarberufen zu.

In den alten Bundesländern zeigt sich von 1991 bis 2001 ein Rückgang des Akademikeranteils in technischen Berufen. Die Dienstleistungsberufe jedoch profitieren von der höheren Akademikerzahl: Im Handel, in Banken und Versicherungen, im Gesundheitsbereich sowie im mittleren Management hat der Akademikeranteil deutlich zugenommen. Abgenommen hingegen hat er in den klassischen Spezialistenpositionen der Ingenieure und Naturwissenschaftler sowie auf der leitenden Ebene im Sozialwesen.

In den neuen Bundesländern ist der Anteil der Akademiker in den technischen Berufen von 33 Prozent im Jahr 1991 auf knapp 50 Prozent im Jahr 2001 gestiegen, auch im Dienstleistungsbereich gab es ein deutliches Wachstum auf knapp 23 Prozent. Sehr viele Akademiker arbeiten hier jedoch in den formal geringeren Qualifikationsstufen, sie sind Techniker oder Kaufleute im Handel und Finanzgewerbe. In künstlerischen und Gesundheits- und Sozialberufen ist die Akademikerquote hingegen im Osten noch immer geringer als im Westen. Die Veränderungen in der Berufsstruktur weisen auf einen deutlichen Entwicklungsschub in Ostdeutschland hin. In vielen Bereichen erhöhten sich die formalen Qua-

lifikationsanforderungen, was sich in einem steigenden Bedarf an Akademikern niederschlug.

Die Zeit von 1991 bis 2001 war sicherlich kein einfacher Abschnitt für
das deutsche Hochschulsystem und erst recht nicht für den deutschen
Arbeitsmarkt. Ob sich daher die dargestellten Entwicklungen in ähnli-
cher Weise in der Zukunft fortsetzen werden, ist unsicher. Fest steht allerdings, dass junge Menschen es sich im Zeitalter von Studiengebühren
und sinkenden Einkommensprämien gut überlegen sollten, ob sie tatsächlich ein Studium aufnehmen wollen oder ob nicht eine berufliche
Ausbildung die bessere Alternative darstellt. Die politisch motivierte Aka-
demisierung könnte viele in die Hochschulbildung gesetzte Hoffnungen
enttäuschen. Überzeugende Anreize bietet der Arbeitsmarkt für Hochschulabsolventen jedenfalls nicht. Vom Studium abhalten lassen sollte
sich dennoch kein begabter junger Mensch – Idealismus vorausgesetzt.

Die Berufswelt im Blick

Die Universität als Trainingsplatz für Schlüsselqualifikationen

Von Harro Honolka

Sie sind in aller Munde. Bildungs- und Arbeitsmarktpolitiker begründen mit ihrer wachsenden Bedeutung die Notwendigkeit von Reformen – ob in der Hochschule oder in der beruflichen Bildung. Sie sind nicht mehr wegzudenken aus Lehrplänen und Unterrichtsmaterialien von Universitäten, Schulen und Betrieben. Die Hochschulrektorenkonferenz, die Kultusministerkonferenz und die Prager Erklärung der europäischen Kultusminister 2001 sehen in ihnen die Voraussetzung für die langfristige Beschäftigungsfähigkeit von Hochschulabsolventen und verlangen sie daher als Lernziel der neuen Bachelor-Studiengänge. Ein Blick in die Stellenanzeigen zeigt, dass sie auch in der Personalrekrutierung eine wichtige Rolle spielen, vor allem, wenn es um den beruflichen Ersteinstieg geht. Schlüsselqualifikationen sind gefragt wie nie.

Welche Inhalte verbergen sich hinter diesem Begriff? Warum sind sie so wichtig und wo erwirbt man sie? Inwieweit lehrt die Hochschule heute schon überfachliche Qualifikationen? Was muss sich ändern, damit Studenten noch besser auf die Berufswelt vorbereitet werden?

Als Konzept sind Schlüsselqualifikationen umstritten, davon zeugen zahlreiche Definitionen in der soziologischen, psychologischen, berufspädagogischen und wirtschaftswissenschaftlichen Literatur. Konkurrierende Begriffe sind im Umlauf, etwa Ralf Dahrendorfs »extrafunktionale Qualifikationen«, Wolfgang Klafkis »formale Bildung« oder die »multifunktionalen Fähigkeiten« des Deutschen Wissenschaftsrates; gebräuchlich sind heute auch die Begriffe »soft skills«, »Kern-« oder »Schlüsselkompetenzen«.

Kritiker bemängeln eine Tendenz zur Ausuferung: Zu Schlüsselqualifikationen werden allgemeine kognitive Fähigkeiten, praktische Fertigkeiten bis hin zu Persönlichkeitsmerkmalen gezählt. Ebenso Allgemeinbildung, wirtschaftliches Grundwissen oder EDV-Kenntnisse und Fremdsprachen. Interessenbedingte Schwerpunkte sind unübersehbar: In bildungspolitischen Veröffentlichungen der Arbeitgeberseite, aber auch in wirtschaftswissenschaftlichen Abhandlungen werden häufig Eigeninitiative, Selbständigkeit, Fleiß, Disziplin, Leistungs-, Lern- und Verantwortungsbereitschaft sowie Teamfähigkeit betont. Gewerkschaftsnahe Autoren sowie Sozialwissenschaftler und Pädagogen heben dagegen Kritikvermögen, Allgemeinbildung, ganzheitliche Persönlichkeitsentfaltung, ethische Urteilsfähigkeit, Demokratieverständnis und solidarisches Handeln hervor. Ein weiteres definitorisches Problem: Die einzelnen Schlüsselqualifikationen sind nicht immer klar voneinander trennbar.

Warum sind Schlüsselqualifikationen so wichtig?

Die Diskussion um Schlüsselqualifikationen eröffnete 1974 Dieter Mertens, der spätere Präsident der Bundesanstalt für Arbeit. Immer wichtiger seien »Kenntnisse, Fähigkeiten, Fertigkeiten, welche nicht unmittelbaren und begrenzten Bezug zu bestimmten disparaten praktischen Tätigkeiten erbringen«, sondern vielmehr das Individuum in die Lage versetzen, sich immer wieder neue Qualifikationen und damit lebenslange Handlungsfähigkeit in möglichst vielen Bereichen zu erschließen. Mertens hatte damals schon erkannt, dass sich Fachwissen durch den technisch-organisatorischen Fortschritt innerhalb eines Menschenlebens entwertet, ohne dass die neu entstehenden Anforderungen genau prognostizierbar sind.

Diese Idee ist aktueller denn je. Der enorm gestiegene Veränderungsdruck in allen wirtschaftlichen Bereichen verlangt, dass Arbeitskräfte im Laufe ihres Erwerbslebens stets neue berufliche Tätigkeiten ausüben. Um das zu leisten, brauchen sie Schlüsselqualifikationen. Sie brauchen Lernfähigkeit, Transferfähigkeit und Flexibilität. Sie brauchen zudem

Qualifikationen, die sich aus allgemeinen Entwicklungstrends ergeben: Die Dienstleistungsgesellschaft erfordert Kommunikationsfähigkeit, Kundenorientierung und grundlegendes Wissen über wirtschaftliche Zusammenhänge. Die Informationsgesellschaft erfordert EDV-Wissen und Umgang mit Kommunikationssystemen. Die Globalisierung der Arbeitswelt erfordert interkulturelles Verständnis und Fremdsprachenkenntnisse. Die Zunahme von Formen freiberuflicher Arbeit führt zum Bedeutungsgewinn selbständigen und unternehmerischen Denkens. Weitere Anforderungen gehen von den Individualisierungstendenzen moderner Gesellschaften aus. Mehr denn je stehen Menschen im Privat- wie im Arbeitsleben vor der Aufgabe, sich zwischen verschiedenen Lebensstilen, Werten und Rollen zu entscheiden. Sie müssen mit Unsicherheiten, Widersprüchen und Komplexität umgehen. Ebenso wichtig ist Toleranz.

Wie erwirbt man Schlüsselqualifikationen?

Grundlagen von Schlüsselqualifikationen werden bereits im Elternhaus gelegt, später in der Schule, und die Wahl des Studienfaches folgt oft den damit gelegten Profilen. Das fachwissenschaftliche Studium an einer Universität bietet dann besondere Möglichkeiten ihrer Neu- oder Weiterentwicklung. Kognitive Schlüsselqualifikationen wie etwa das Denken in Zusammenhängen, Kommunikation, die Fähigkeit, zu kritisieren und Kritik zu akzeptieren, sowie selbständiges, kreatives und konzeptuelles Denken lassen sich am besten im fachwissenschaftlichen Studium weiterentwickeln. Für soziale Qualifikationen eignen sich besonders Tutorien, Forschungsprojekte, Gruppenlernprogramme und Projektstudiengänge. In diesen Fällen sind Schlüsselqualifikationen indirektes Studienziel, gewissermaßen Abfallprodukt eines erfolgreichen Fachstudiums.

Zum Teil können Schlüsselqualifikationen auch direkt als Lehrinhalt vermittelt werden: EDV-, Wirtschafts- und Fremdsprachwissen beispielsweise in Kursen, Präsentations-, Führungs- und Redetechniken in entsprechenden Trainings. Vieles spricht allerdings für Grenzen einer solchen direkten Vermittlung von Schlüsselqualifikationen. Gerade die wichtigsten unter ihnen – beispielsweise Selbständigkeit, Flexibilität, Kreativität – sind Persönlichkeitsmerkmale, die sich kaum im knappen Zeitrahmen einer Veranstaltung entfalten lassen. Berufliche Lebensläufe zeigen, dass diese Schlüsselqualifikationen meistens im engen Zusammenspiel von Studium, praktischen Erfahrungen und sich verändernden individuellen Berufszielen heraus entstanden und entsprechend Zeit und Freiheit voraussetzen.

Zu wenig beachtet wird häufig, dass Schlüsselqualifikationen wie Flexibilität, Kundenorientierung, Interkulturalität, demokratisches Engagement oder Stressresistenz auch ganz außerhalb des Studienbetriebes trainierbar sind, etwa in Praktika, bei Auslandsaufenthalten, durch die Mitarbeit in Fachschaften und studentischen Vertretungen. In individualisierten Gesellschaften ist schon der Alltag ein wichtiger Trainingsplatz: Menschen müssen ständig unter verschiedenen Verhaltensweisen, Lebensstilen und Wertorientierungen wählen und sie praktizieren. Dadurch erwerben sie Urteilsvermögen, Flexibilität, Selbständigkeit und Organisationsfähigkeit. Besonders erwähnenswert sind in diesem Zusammenhang Studierende mit Kind: Sie werden in der Regel zu Experten in Sachen Organisation, Krisenmanagement und Stressbewältigung, was inzwischen auch Personalverantwortliche wissen.

Was leistet die Universität?

Universitäten in Deutschland, aber auch in der Schweiz, in Österreich und zum Teil in den USA, stehen in der Tradition der Ideen Wilhelm von Humboldts. Zu ihr zählen die vergleichsweise große Lehr- und Lernfreiheit, die breit angelegte Bildung, die theoretisch und zweckfrei vermittelt wird, sowie die angestrebte Einheit von Lehre und Forschung. In diesen Punkten unterscheiden sich deutsche Universitäten immer noch tendenziell von Fachhochschulen und von vielen Universitäten im Ausland, wenn auch in einem von Fach zu Fach unterschiedlichen Maße. Auf den ersten Blick könnte das inzwischen fast 200 Jahre alte Humboldt'sche Konzept als nicht sehr geeignet erscheinen, moderne und praxisgerechte

Ausbildungsprozesse auf den Weg zu bringen. Der renommierte Soziologe Ulrich Beck spricht dagegen von einer »Renaissance« Wilhelm von Humboldts. Inwiefern fördert eine universitäre Bildung nach Humboldt'scher Tradition die Entwicklung von Schlüsselqualifikationen?

Thema Selbständigkeit: Die Lernfreiheit an deutschen Universitäten erzieht zu eigenverantwortlichem Arbeiten. In den meisten Fächern sind Studierende gezwungen, ihre Lernpläne selber zu erstellen, eigene Studienschwerpunkte zu setzen. Es wird erwartet, dass sie weitgehend selbständig lernen, Literatur recherchieren, Arbeiten schreiben und präsentieren, dabei eigene Gedanken und Kritik entwickeln. Studierende sollten diese manchmal unbequemen Vorgaben als Chance begreifen, Management-Qualitäten auszubilden.

Thema Allgemeinbildung: Zur Humboldt'schen Idee der »universitas« zählt eine breit angelegte Wissensvermittlung. Vor allem in den Magister-Studiengängen, aber auch in den meisten naturwissenschaftlichen Fächern sowie im Studium generale ist diese Tradition unverändert lebendig. Studierende sind gut beraten, ihre Lehrangebote breit gefächert auszuwählen und sich nicht zu früh zu spezialisieren. Ergebnis kann die Fähigkeit zu interdisziplinärem und vernetztem Denken sein, aber auch Flexibilität.

Thema Kritik und Kreativität: Der universitäre Wissenschaftsbetrieb lebt vom Prinzip der permanenten Kritik. Studierende werden angehalten, Fakten und Theorien zu hinterfragen, in Alternativen zu denken, neue Hypothesen aufzustellen.

Thema konzeptuelles Denken: Universitäre Ausbildung ist theoretisch angelegt. Sie konfrontiert Studierende laufend mit konkurrierenden Theorien und Modellen. Dadurch wird konzeptuelles Denken eingeübt, das in vielen beruflichen Situationen benötigt wird.

Thema Teamfähigkeit: In fortgeschrittenen Studienabschnitten können Studierende die Einheit von Lehre und Forschung erleben, beispielsweise durch die Teilnahme an Forschungsprojekten. Darin werden Teamkompetenzen, die Fähigkeit zur Theorie-Praxis-Vermittlung und die Sensibilität für ethische Fragen ausgebildet.

Thema Kommunikation: Laut Wilhelm von Humboldt soll die Universität als sozialer Ort des Lernens die Einheit der Wissenschaft erfahrbar machen. So schult sie das heute geforderte Denken in interdisziplinären Zusammenhängen. Der soziale Lernort Universität ist gleichzeitig ein Trainingsplatz für die Ausbildung kommunikativer Fähigkeiten, etwa der freien Rede, zielgruppengerechter Vorträge und konstruktiven Diskussionsverhaltens.

Thema Lebensreife: Zur deutschen Tradition der Universität zählt im weiteren Sinn auch die Trennung von Leben und Studieren. Diese Lebensweise erfordert und fördert Selbständigkeit, Flexibilität und Organisationsfähigkeit. Über zwei Drittel der Studierenden jobben regelmäßig, um ihr Studium zu finanzieren. Die praktischen Erfahrungen stellen ein Gegengewicht zur theoretischen Ausbildung an der Universität dar und tragen zu Realitätsnähe und Reife der Studierenden bei.

Was muss besser werden?

Ein Großteil der neu eingeführten Bachelor-Studiengänge zeigt die Tendenz zur Verschulung. Verspielen wir durch die 1999 in Bologna beschlossene Vereinheitlichung der universitären Abschlüsse in Europa die Vorteile des Humboldt'schen Hochschultypus? Können in den neuen Studiengängen noch Selbständigkeit, Kreativität und Kritikfähigkeit entwickelt werden? Führt der vorgeschriebene berufsqualifizierende Charakter nicht zu einer wissenschaftlichen und theoretischen Verflachung? Lässt sich in Bachelor-Studiengängen – oder wenigstens in den darauf folgenden Master-Studiengängen – noch Forschergeist erfahren und entwickeln? Vieles hängt hier von der Gestaltung der neuen Studiengänge ab. In ihnen müssen möglichst viele Wahlmöglichkeiten unter breit gefächerten Wissensinhalten erhalten bleiben; eine eigenständige und anspruchsvolle Abschlussarbeit in den Studienordnungen sollte nicht zugunsten kumulierbarer Prüfungsergebnisse geopfert werden. Beispielhaft fördert der Bachelor-Studiengang Komparatistik an der Ludwig-Maximilians-Universität in München Schlüsselqualifikationen. Die gezielte Vorbereitung auf den Beruf nimmt etwa ein Fünftel des Studienplans ein. Sie findet in gesonderten, von Praktikern gehaltenen Kursen des Institutes »Student und Arbeitsmarkt« statt. Auf diese Weise kann das übrige Studium breit angelegt und theoretisch bleiben.

So aktuell und bewahrenswert die Humboldt'sche Idee der Hochschule heute noch ist – an deutschen Universitäten besteht Handlungsbedarf hinsichtlich der Entwicklung sozialer und kommunikativer Qualifikationen. Beispielsweise sollten verstärkt Tutorien und Formen des Kleingruppenlernens eingesetzt werden. Wichtig dabei ist, dass in solchen Gruppen nicht einfach die Stoffvermittlung im kleineren Rahmen fortgesetzt wird. Die Studenten sollen sich Fragestellungen und Wissen selbst erarbeiten. Um Eigeninitiative zu fördern. Um soziale Fähigkeiten zu trainieren. Um Diskussionsverhalten zu üben. Praktiziert wird dies heute schon im Kleingruppen-Lernmodell im medizinischen Grundstudium der LMU, im Tutoriensystem an der Universität Heidelberg sowie in Projektstudien an einigen deutschen Universitäten.

Aus Kosten- und Effizienzgründen sollten die Angebote zur Entwicklung von Schlüsselqualifikationen in den so genannten Career Centern konzentriert werden. Career Center, wo Studierende hinsichtlich ihres Berufseinstiegs beraten werden, sind wegen ihrer Arbeitsmarktnähe prädestiniert, Trainings zur Bewerbung und zu Rede-, Moderations- und Präsentationstechniken anzubieten. Eine wichtige, aber zweifellos schwierige Aufgabe besteht darin, Lehrpersonen zu Vorbildern in Sachen Schlüsselqualifikationen fortzubilden. Im Kompetenzzentrum Hochschuldidaktik für Niedersachsen oder in der Abteilung Schlüsselkompetenzen der Universität Heidelberg werden Lehrende in entsprechenden Seminaren darin geschult. Solche Maßnahmen werden aber nur begrenzte Wirkung entfalten können, solange das Selbstverständnis der Lehrpersonen fast ausschließlich von ihrer Forschungsleistung geprägt ist. Eine wichtige Aufgabe wird sein, Studierende von Anfang an über die Chancen aufzuklären, an der Universität Schlüsselqualifikationen zu erwerben. Vorbildlich ist in dieser Hinsicht die LMU, die in 41 fächerbezogenen Informationstexten darüber informiert, zu welchen spezifischen Schlüsselqualifikationen das Studium ausbildet.

Maßnahmen zur Entwicklung von Schlüsselqualifikationen verursachen Kosten. Wie könnten sie in einer Zeit öffentlicher Finanzschwäche aufgebracht werden? Begrenzte Eigenbeteiligungen der Studierenden sind legitimierbar und durchsetzbar. An der LMU wird ein außerhalb des Studiums angebotenes Trainingsprogramm ungefähr zu einem Drittel aus Teilnehmergebühren finanziert. Mit der Einführung von Studiengebühren werden sich weitere Finanzierungsmöglichkeiten eröffnen. Auch die Arbeitgeber sind zu beteiligen, da sie von der Förderung der Schlüsselqualifikationen profitieren. Der Verein »Student und Arbeitsmarkt«, dessen Mitglieder die Universität, Arbeitgeberorganisationen sowie die Arbeitsagentur sind, praktiziert dies an der LMU seit fast 20 Jahren.

Von Spargelstechern und faulen Arbeitslosen

Mythos Vollbeschäftigung

Von Ulrike Herrmann

Ein schöner Mann. Lässig sitzt er da auf einem Dach, unter ihm Paris und der Spruch: »Heute mache ich, was ich am liebsten tue: Nichts.« Gauloise.

Jahrelang lächelte uns dieser Dreitagebart an; noch im Sommer 2000 war er omnipräsent. Doch dann kamen der Börsencrash und die Wirtschaftsflaute; der schöne Franzose verschwand. Es war nicht mehr opportun, mit der Sehnsucht nach Faulheit zu werben. In Zeiten steigender Arbeitslosigkeit wird die knappe Arbeit zum Wert an sich.

Das drückt sich auch in den Parteiprogrammen aus. Die Union wirbt mit dem Spruch »Vorfahrt für Arbeit« und dekretiert »Sozial ist, was Arbeit schafft«. CSU-Chef Edmund Stoiber ließ sich gar dazu hinreißen, eine Arbeitslosenquote von nur 4 Prozent anzupeilen. Wie riskant ein solches Versprechen ist, hat Gerhard Schröder schon erlebt: Er scheiterte letztlich als Kanzler, weil er seine Ankündigung nicht halten konnte, die Zahl der Erwerbslosen auf 3,5 Millionen zu drücken.

Während sich die Politik immer wieder gedrängt sieht, Optimismus zu verbreiten, sind die Prognosen weit nüchterner. Alle vier Jahre erstellt das Basler Prognos-Institut einen Deutschland-Report. Der letzte stammt von 2002 und damals nahmen die Forscher an, dass selbst 2020 noch 2,7 Millionen Arbeitslose gemeldet sein würden – obwohl der Nachwuchs fehlt und kaum noch junge Stellensucher auf den Arbeitsmarkt drängen. Allerdings ging Prognos davon aus, dass die deutsche Wirtschaft jährlich um 1,9 Prozent wächst. Diese Quote wird jedoch schon seit Jahren verfehlt. Beim nächsten Deutschland-Report dürften die Forscher ihre Arbeitslosenzahlen nach oben korrigieren.

Die Prognos-Zahlen sind der Politik nicht unbekannt, denn sie lieferten die Datengrundlage für die Rürup-Kommission, die sich mit Rente, Pflege und Krankenkassen beschäftigen sollte. Die Parteien agieren schizophren: Während sie in Expertenzirkeln die Dauerarbeitslosigkeit akzeptieren, wird öffentlich der Eindruck erweckt, als gäbe es Patentrezepte. Der Wähler wird wie ein Krebskranker behandelt, den die Verwandten schonen wollen, indem sie ihm den nahen Tod verschweigen. Strukturelle Arbeitslosigkeit scheint eine Katastrophe zu sein, die kollektiv möglichst lange verdrängt werden muss.

Das ist erklärungsbedürftig. Denn Not ist nicht zu erwarten; die deutsche Wirtschaft wächst. Zwar sind die relativen Raten bescheiden, aber auch 1 Prozent ist in absoluten Mengen beachtlich. Die Maschinen ermöglichen ein Paradies: Reichtum ohne Arbeit. Dennoch kommt keine Freude auf, stattdessen wird der Vollbeschäftigung hinterhergetrauert. Offensichtlich bestimmt das Sein doch nicht das Bewusstsein, wie Marx meinte. Stattdessen weigert sich das Bewusstsein beharrlich, das Sein zur Kenntnis zu nehmen.

Denn die Dauerarbeitslosigkeit bedroht zwei zentrale Gewissheiten, an die Europa seit 200 Jahrhunderten starr glaubt. Die erste: Letztlich macht Arbeit den Menschen aus. Sie gibt ihm Anerkennung. Sogar sinnlose Arbeit ist besser als keine. Allein diese Überzeugung kann erklären, warum die 1-Euro-Jobs derart populär sind. Arbeit gilt prinzipiell als Chance, selbst wenn sie recht stupide ist, eigentlich nicht gebraucht wird und niemand einen regulären Preis dafür bezahlen will.

Diese Verabsolutierung der Arbeit hat sich endgültig in der Französischen Revolution durchgesetzt. Leistung war der Kampfbegriff der Bürger gegen den Adel, war der Hebel gegen das Gottesgnadentum, mit dem König und Gefolge bis dahin begründet hatten, warum ihnen der Reichtum des Landes zusteht. Dagegen wurde nun der Begriff der Arbeit und der Leistung gesetzt. Wer die Steuern erwirtschaftete, der sollte auch politisch bestimmen dürfen. So gesehen erschien der Adel plötzlich als eine Kaste, die nichts beiträgt, sondern nur faulenzt und Kosten verursacht. Die moderne Demokratie hat viel mit Menschenrechten zu tun – aber noch mehr mit dem Konzept der Arbeit. Denn so wurde es überhaupt erst möglich, die Freiheitsrechte ideologisch durchzusetzen.

Der Arbeitsbegriff hat die Demokratie jedoch nicht nur begründet – sondern auch lebbar gemacht. Eine Gemeinschaft politisch Gleicher kann nur funktionieren, wenn die ökonomischen Unterschiede nicht unerträglich groß sind. Deswegen ist Vollbeschäftigung so wichtig: Solange jeder einen Job hat, so die historische Erfahrung, lässt sich soziale Gerechtigkeit fast reibungslos organisieren.

Zudem ist Arbeit als Gerechtigkeitskriterium bisher alternativlos. Jede andere Verteilungsdiskussion kollidiert sofort mit einer zweiten historischen Gewissheit: Solidarität ist nötig, aber sie kann nicht grenzenlos sein. Verteilt wird nur der Überschuss. Wachstumsgewinne dürfen abgeschöpft werden, aber einmal erworbenes Eigentum ist heilig. Also Reform statt Revolution. Denn Aufstände zerschlagen, was eigentlich umverteilt werden soll. Auch diese Erfahrung entstammt der Französischen Revolution und wurde seither immer wieder erneuert – nicht zuletzt durch den gescheiterten Sozialismus.

Da Demokratien ohne Vollbeschäftigung bisher nicht denkbar sind, entstehen absurde Mythen. So wird immer wieder suggeriert, die Arbeitslosen seien selbst schuld, dass sie keine Stellen finden, weil sie persönliche Defizite aufweisen. Die aktuelle Formel vom »Fordern und Fördern« drückt dies geradezu genial pointiert aus. Der Spruch macht Arbeitslose zu Kindern, die lieber auf dem Spielplatz toben würden und die deshalb der gestrenge Vater Staat erziehen und ermahnen muss.

Ein strukturelles Problem wird individualisiert. Diese Operation gelingt nur, wenn die Arbeitslosigkeit zuvor zur statistischen Täuschung heruntergestuft wurde: Wir leben in der Vollbeschäftigung, wir merken es nur nicht. In dieser Vorstellungswelt sind Jobs wie Ostereier. Man muss sie nur hartnäckig genug suchen, um sie zu finden. Als Beweis dient wiederum ein Mythos: der Spargelstecher.

Es ist das Märchen vom faulen Deutschen: Die Arbeitslosen seien sich sogar zu fein zum Bücken! Wenn sich die Deutschen nicht weigern würden, den Spargel zu ernten, dann gäbe es Jobs für alle. Stattdessen profitieren die fleißigen Polen, die sich für ehrliche Arbeit nicht zu schade sind. Aufklärung hat gegen diese Fabel keine Chance. Es interessiert nicht, dass die Saisonjobs in Deutschland umgerechnet nur etwa 37 000 Vollarbeitsplätze ergeben würden. Es will kaum jemand wissen, dass die Kaufkraft des Euro in Polen viel höher ist. Es wird nicht zur Kenntnis genommen, dass auch die Polen zu rechnen beginnen, ob sich die Schwerstarbeit Spargelstechen noch lohnt, wenn sie demnächst Sozialabgaben zahlen müssen.

Eine Variante des Märchens vom Spargelstecher ist der Mythos von der Putzfrau. Wer noch einen gut bezahlten Arbeitsplatz hat und abends gestresst nach Hause kommt, der kann es bezeugen: Es existiert genug unerledigte Arbeit, ganz besonders in den chaotischen Wohnungen von Doppelverdienern. Warum also sind die Erwerbslosen nicht bereit, für wenig Geld zu putzen? Schließlich haben Arbeitslose doch für jeden Job zu danken.

Mitten in der Demokratie setzt ein verqueres Rollenspiel ein: Die Erwerbslosen sollen zu willfährigen Butlern mutieren – während sich die Noch-Arbeitnehmer wie Schlossherren aufführen wollen. Je seltener der gut dotierte Arbeitsplatz wird, desto gewichtiger ist das Privileg, das er verleiht. Die Jobbesitzer werden zu einem neuen Stand, die adelsgleich über Insignien der Macht gebieten möchten. Und keine Macht ist sichtbarer als die direkte Verfügungsgewalt über andere. »Die Vision einer neofeudalen Dienstbotengesellschaft soll vom Alptraum der arbeitslosen Vollbeschäftigungsgesellschaft befreien.« (Ulrich Beck)

Doch geht der Kampf um Arbeit an den Realitäten vorbei. Im statistischen Durchschnitt verbringen Deutsche nur noch etwa 9 Prozent ihrer gesamten Lebenszeit mit Erwerbsarbeit. Stattdessen lassen sie sich lange ausbilden, gehen früh in Rente, erziehen ihre Kinder, fahren viel in Urlaub. Der Rest vergeht im Schlaf. Wir haben längst so viel Freiheit und Freizeit, wie sie früher nur die Oberschichten genießen konnten. Eigentlich müssten wir uns in der Muße schulen, wie dies einst selbstverständlich war. Systematisch wurde der europäische Adel in diversen Hobbys ausgebildet wie Jagen, Reiten, Singen, Sticken, Dichten, Zeichnen. Doch statt uns erleichtert zurückzulehnen, sichten wir eine »Krise der Arbeitsgesellschaft«.

Tatsächlich sind jedoch nur die europäischen Ordnungsmuster in der Krise, die seit 200 Jahren gelten. Mit bitteren Folgen: Weil Arbeitslosigkeit als individuelle Schuld gilt, wird sie materiell bestraft. »Hartz IV« heißt das Programm. Arbeitslosen- und Sozialhilfe wurden zusammengelegt – auf dem Niveau der Sozialhilfe, die seit der Wiedervereinigung kaum noch angepasst wurde und inzwischen etwa 20 Prozent unter dem Existenzminimum liegt. Diese zunehmende Ungleichheit ist gefährlich für eine Demokratie, die auf Gleichheit setzt.

Noch gibt es kein allgemein akzeptiertes Konzept, wie eine Gesellschaft ihren Reichtum gerecht verteilen kann, ohne dass eine Unterordnung am Arbeitsplatz entlohnt wird. Es gilt als undenkbar, dass Nichtstun honoriert werden soll. Denn dies würde anerkannte Hierarchien umstürzen: Ausgerechnet die Niedrigqualifizierten, die besonders selten als Arbeitskräfte gebraucht werden, könnten dann als Erste leben wie früher der Adel. Zwar nicht ganz so reich, aber komfortabel abgesichert. Das ist so unvorstellbar, ein solcher Skandal, dass die Gesellschaft lieber Milliarden in Kombilöhne für 1-Euro-Jobs investiert, die niemand benötigt.

Doch damit ist der Prozess nicht aufzuhalten, der Produktivitätsfortschritt heißt. Immer weniger Menschen können immer mehr Waren herstellen. Maschinen machen Arbeitskraft überflüssig. Diese Entwicklung ist gar nicht neu, fiel aber lange nicht auf, weil sie durch zwei Weltkriege unterbrochen wurde. Trotzdem sollte es zu denken geben: Vollbeschäftigung gab es in der Bundesrepublik nur für kurze Zeit und nur nach einer Komplettzerstörung des Landes. Doch Krieg gilt, zum Glück, nicht mehr als wünschenswert. Bleibt das Modell Gauloise – lässig genießen.

Abschied vom Studentenleben

Der Versuch, Leben und Arbeit in eine Balance zu bringen

Bleibt das jetzt so?

Hochschulabsolventen zwischen Sinnkrise und Praxisschock

Von Mischa Täubner

Geschafft! Die letzte Prüfung ist bestanden, der Stress endlich vorbei. Raus aus der Uni, rein ins richtige Leben. Der Abschied von der Hochschule fiel den vieren, deren Abschluss etwa vier bis fünf Jahre zurückliegt und die heute um die 30 sind, nicht schwer. Andrea Willmann* setzte sich in den Flieger nach Kuba, erst Sprachkurs in Havanna, dann rumreisen. Zwei Monate lang. Das anschließende Praktikum in der Pressestelle eines deutschen Pharmakonzerns hatte die Biologin schon vor der Reise klargemacht. »Ob ich in der Industrie arbeiten will oder doch lieber promoviere, hatte ich damals noch nicht entschieden. Die nächsten Monate waren verplant, das reichte erst mal.«

Jörg Reich* verbrachte nach dem Studium viel Zeit mit seinem Sohn, der zu jener Zeit etwa ein halbes Jahr alt war. Die Arbeitsmarktsituation für Architekten versprach damals schon nichts Gutes, aber Jörg Reich war trotzdem optimistisch. Er hatte ein gutes Examen hingelegt, hatte praktische Erfahrungen im Büro seines Professors gesammelt und nun viel Spaß daran, Papa zu sein und nebenbei seinen Berufseinstieg vorzubereiten, indem er interessante Büros auswählte und eine schöne Bewerbungsmappe gestaltete. Geld bekam er noch von den Eltern.

Claudia Bach* war froh, dass sie nach dem Studium der Angewandten Kulturwissenschaft mehr Zeit für die vielen Dinge hatte, die sie interessieren: Musik machen, Mode designen, mit den neuen Medien experimentieren. Sie finanzierte sich durch die freie Mitarbeit in einer Werbeagentur, für die sie schon als Studentin gearbeitet hatte. Dass sie da nicht ewig bleiben würde, war ihr klar. »Internetseiten programmieren in einer Werbeagentur – auf Dauer erschien mir das zu langweilig.«

Ricarda Kohl* wusste nach dem Psychologiestudium ziemlich genau, wo sie hinwollte: in die Personalentwicklung. Diese Erkenntnis verdankte sie einem zweimonatigen Praktikum, das sie während des Studiums in eben diesem Bereich absolviert hatte. Nach dem Examen wollte sie eigentlich erst ein bisschen entspannen. Doch dann machte es sie unruhig, dass sich ihre ehemaligen Kommilitonen nur noch über ihre Jobsuche unterhielten. Drei Initiativbewerbungen reichten, schon hatte Ricarda Kohl eine Traineestelle in der Personalabteilung eines Konzerns.

Andrea Willmann, Jörg Reich, Claudia Bach und Ricarda Kohl – sie alle freuten sich nach dem Examen, von der Last des einsamen Lernens befreit zu sein. Sie blickten voller Zuversicht in die Zukunft, obwohl sie wussten, dass es nicht leicht sein würde, sich auf dem Arbeitsmarkt zu behaupten. Bis plötzlich die Zweifel auftauchten und die Unsicherheit wuchs. Die Biologin Andrea Willmann fragte sich bald, ob sie jemals zur Ruhe käme. Sie hatte in ihrem Praktikum die Behäbigkeit eines Großunternehmens kennen gelernt; in einem Start-up gearbeitet, das in die Insolvenz geriet; dann in einer Agentur, deren cholerischer Chef unerträglich war. Schneller als gedacht landete sie wieder an der Universität – als Teilnehmerin des Aufbaustudiengangs Wissenschaftsjournalismus. Der Architekt Jörg Reich fand durch die Vermittlung seines Professors schnell einen Job in einem Architekturbüro, das ihn und viele andere bald wieder entlassen musste; er fand ein neues Büro, wo das Gleiche geschah. Dann war er arbeitslos, er bewarb sich unermüdlich und zweifelte, ob er jemals wieder einen Job finden würde. Die Kulturwissenschaftlerin Claudia Bach verlor ihren Nebenjob in der plötzlich von einer Krise geplagten Werbeagentur, was sie zunächst nicht weiter schlimm fand, weil sie sowieso selbständiger und kreativer arbeiten wollte. Sie machte ein Praktikum in einem Trendbüro, probierte sich als freie Web- und Modedesignerin. Und fragte sich bald, ob sie für diese Berufswelt mit ihren lästigen Honorarverhandlungen und unproduktiven Konflikten überhaupt geeignet ist. Die Psychologin Ricarda Kohl wurde während ihres Traineeprogramms vollkommen allein gelassen, keiner fühlte sich zuständig für sie. Sie erhielt Aufgaben, die sie überforderten, und wurde für ihre Fehler kritisiert. Wie die anderen zweifelte plötzlich auch sie, ob sie sich auf dem richtigen Weg befand. »Bleibt das jetzt so?«, fragten sich verunsichert alle vier Absolventen in den ersten zwei bis drei Jahren nach dem Examen.

Geisteswissenschaftler brauchen länger

Die Phase zwischen Studium und Beruf ist in mehrfacher Hinsicht eine Orientierungsphase. Die jungen Akademiker sind in der Regel erstmals gezwungen, auf eigenen Beinen zu stehen. Ihren Lebensunterhalt zu finanzieren. Sich aus einer großen Anzahl von Möglichkeiten ihren individuellen Berufsweg zu pflastern. Sie müssen Bewerbungen schreiben, Absagen in Kauf nehmen, Vorstellungsgespräche über sich ergehen lassen. Nicht selten führt die Verpflichtung zur Selbstorganisation in eine Sinnkrise. Haben sie eine Stelle gefunden, müssen sie sich in der neuen Umgebung und mit einer vollkommen anderen Arbeitskultur zurechtfinden. Sie erleben häufig das, was Karriereforscher als Praxisschock bezeichnen. »Der Abschied von der Universität bedeutet die Herauslösung aus einem Kollektiv und einer relativen Nivellierung«, sagt Andreas Eimer, der als Leiter der Career Services der Uni und der Fachhochschule in Münster Studenten über ihre Berufschancen aufklärt. An der Uni fühle man sich trotz vieler Unterschiede ähnlich. »Es fällt zum Beispiel nicht ins Gewicht, wenn einer steinreich und der andere knapp bei Kasse ist.« Im Beruf hingegen gebe es einen deutlichen Bruch zwischen dem Karrieristen und dem Sozialen.

Die Absolventen plagt in der Orientierungsphase vor allem die Sorge um die Existenzsicherung. In einer von McKinsey und dem »Manager-Magazin« beauftragten Umfrage unter Studenten im Hauptstudium nannten drei der vier Befragten Arbeitsplatzsicherheit als »sehr wichtig« oder »wichtig« bei der Jobsuche. Wie schnell der Berufseinstieg geschafft wird, hängt stark vom Studienfach ab. 95 Prozent der Informatiker, Maschinenbauer und Elektrotechniker üben schon im ersten Jahr nach dem Examen eine reguläre Erwerbstätigkeit aus, sagt Karl-Heinz Minks,

Projektleiter für Absolventenforschung beim Hochschul-Informations-System (HIS) in Hannover. Die Gesellschaft befragt jeden vierten Absolventen-Jahrgang und dokumentiert dessen Berufsweg ein Jahr sowie fünf Jahre nach dem Abschluss. Beim Jahrgang 2001, dem zuletzt befragten, gehörten auch die Betriebswirte in die Spitzengruppe, 90 Prozent von ihnen fanden im ersten Jahr eine feste Stelle. Minks vermutet aber, dass deren Jobbilanz in der Zwischenzeit schlechter geworden ist, da Banken und Versicherungen in den letzten Jahren verstärkt Personal abgebaut hätten. Geisteswissenschaftler brauchen im Schnitt viel länger, bis sie in einem regulären Arbeitsverhältnis stehen. Ein halbes Jahr nach dem Examen sind zwar nur 5 Prozent von ihnen arbeitslos gemeldet. Aber das liegt laut Minks an der Improvisationskunst der Geisteswissenschaftler. »Die finden immer irgendwas.« Eine reguläre Erwerbstätigkeit üben nach einem Jahr nur 55 Prozent der Absolventen von Magister-Studiengängen aus. Erst nach drei Jahren erzielen die Geisteswissenschaftler in der Jobbilanz jene Ausbeute, die Absolventen der technisch-wirtschaftlichen Studiengänge schon nach einem Jahr erreicht haben. Kein Wunder, dass sie in der Umfrage des Hochschul-Informations-Systems gemeinsam mit den Architekten am häufigsten beklagen, dass es insgesamt zu wenige Stellen gibt.

Jahrmarkt der Lebensmodelle

Die Sinnkrise der heutigen Jungakademiker ist eine andere als jene früherer Absolventen-Generationen. Die heute 60-Jährigen fassten das Leben an der Universität viel stärker als eine eigene Lebensphase auf. Student sein bedeutete nicht nur eine Berufsausbildung, es war eine Identität. Man engagierte sich hochschulpolitisch und hielt sich auch außerhalb der Seminare und Vorlesungen auf dem Campus auf. Den Schritt nach draußen, ins Berufsleben, empfanden sie daher als harten Einschnitt, als Eintritt in die Ernsthaftigkeit und als Abschied vom Dolce Vita. Dieser Schritt fiel nicht leicht, so mancher brauchte seine Zeit, bis er sich gefangen hatte und auf dem Lebensweg weiterging, der in Grundzügen vorgegeben war. Über Arbeitslosigkeit brauchten sie sich keine Sorgen zu machen. Karriere und Familiengründung verliefen in aller Regel in geordneten Bahnen. »Normalbiografie« nennt der Münchner Sozialpsychologe Heiner Keupp das und er grenzt diesen Begriff von der Patchwork-Identität der heutigen Generation ab.

Die Laufbahn ist nicht mehr vorgegeben, die heutigen Absolventen müssen biografisch improvisieren wie keine Generation zuvor. Wir leben in einer Zeit, so Keupp, »in welcher der Umgang mit den eigenen Lebenszielen, Partnerschaftsmodellen und Wohnvorstellungen zunehmend flexibel gehandhabt werden kann und muss«. Prinzipiell stehen alle Möglichkeiten offen: Hunderte Studiengänge, Sprachkurs in Kuba und Business-School in London, Firmengründung, Festanstellung und Halbtagsjob, Familie, Single-Leben, kinderlose Ehe und Wochenendbeziehung. Ein Jahrmarkt der Lebensmodelle und Weltanschauungen. Angesichts der scheinbar unbegrenzten Möglichkeiten steigen die Erwartungen, man will nichts verpassen, sich selbst verwirklichen. 93 Prozent der Studenten im Hauptstudium, das ist ein weiteres Ergebnis der Umfrage von McKinsey und »Manager-Magazin«, legen bei der Jobsuche Wert auf interessante Arbeitsinhalte.

Die Studenten von heute wissen, dass sie ihre Biografie managen müssen, nur jeder Zehnte glaubt, das ganze Leben im gleichen Beruf verbringen zu können. Aktionistisch bereiten sie sich auf den Berufseinstieg vor, absolvieren reihenweise Praktika. 40 Prozent arbeiten nebenbei in einem Job, der fachlich etwas mit ihrer Ausbildung zu tun hat. Von der Sorglosigkeit und Unbekümmertheit früherer Studentengenerationen ist wenig übrig geblieben. Die Uni ist für heutige Studenten eine Durchgangsstation, mehr nicht. Vorlesungen und Seminare nehmen sie als Termine unter vielen anderen wahr. Der Abschied von der Uni fällt ihnen daher auch nicht schwer. Die Sinnkrise kommt später – mit der erstmaligen Erfahrung, dass die ganze schöne Karriereplanung nicht wie vorgesehen weitergeht. Dass sich die hohen Erwartungen nicht verwirklichen lassen. Dass man trotz aller Anstrengungen und ohne eigenes Verschulden plötzlich wieder arbeitslos werden kann. Dass man nicht die Gelegenheit hat, langfristig Karriere und Familie zu planen, sondern ständig improvisieren muss. Weil die Firma pleite geht. Weil man nur einen befristeten Arbeitsvertrag bekommt. Oder weil man sich in seinem Job nicht weiterentwickeln kann. Der Architekt Jörg Reich hat inzwischen wieder einen Job gefunden, in einem 300 Kilometer von seinem Wohnort entfernten Büro. Jeden Freitag fährt er nach Hause und verbringt das Wochenende mit seinem fünfjährigen Sohn. Wie lange dieses Lebensmodell funktioniert, weiß er nicht. Er hat gelernt, mit der Ungewissheit umzugehen.

Das schaffen nicht alle. Viele Studenten fühlen sich mit dem Management ihrer eigenen Biografie überfordert. »Sie weigern sich, Entscheidungen zu treffen, schieben den Hochschulabschluss immer weiter vor sich her, leben mit 30 noch im Hotel Mama«, sagt Christiane Papastefanou, Psychotherapeutin und Dozentin an der Uni Mannheim. Üblicherweise betrachteten Psychologen und Soziologen jemanden als erwachsen, wenn er die Schule abgeschlossen hat, Geld verdient und nicht mehr bei den Eltern wohnt. Eine aktuelle britische Studie zeigt, dass heute nicht einmal ein Drittel der 30-Jährigen diese drei Kriterien erfüllt. Viele Studenten, so Psychotherapeutin Papastefanou, seien trotz guter Zukunftsaussichten vollkommen verunsichert. Sie schätzen die Lage auf dem Arbeitsmarkt noch viel schlechter ein, als sie tatsächlich ist, glauben, dass sie sowieso keine Chance haben. Für diese lähmende Angst gibt es seit der Twentysomething-Studie der beiden amerikanischen Journalistinnen Alexandra Robbins und Abby Willner sogar einen Namen: »quarterlife crisis«.

Hierarchie statt Nasenring

Geschafft! Die Zeit des Übergangs und der Unsicherheit ist endlich vorbei, denken viele Jungakademiker, wenn sie die Zusage eines Arbeitgebers erhalten. Kaum angefangen, stellen sie jedoch fest, dass sie sich falsche Vorstellungen vom Berufsleben gemacht haben. Sie erleben einen Praxisschock. Spüren, dass in ihrem Unternehmen ein anderer Wind weht als an der Universität.

Andrea Willmann hat den Großteil ihres Biologiestudiums in Greifswald verbracht. Es war hart, sehr verschult, viel Paukerei. Ein kleiner Fachbereich, man kannte sich, traf sich in Kleingruppen zum Lernen, duzte sich auch mit dem Professor. Hin und wieder fuhr man für zwei Wochen auf Exkursion auf die Insel Hiddensee. Viel feiern, viel Natur. Andrea Willmann arbeitete mehrere Semester als wissenschaftliche Hilfskraft, verbrachte auch ihre Freizeit in Studentenkreisen. Das totale Unileben. In ihrem ersten Praktikum nach dem Studium und auch in ihrem ersten Job musste sie sich daran gewöhnen, dass ihre Kollegen von ganz anderem Schlag sind als sie. Älter, mit Familien und anderen Interessen. Sie musste sich mit der Rolle des Kükens abfinden. Aufpassen, wie man mit wem kommuniziert. Lernen, dass man Entscheidungen von Vorgesetzten akzeptiert. Und feststellen, dass es im Job nicht nur darum geht, gemeinsam etwas Gutes auf die Beine zu stellen. In dem Pharmakonzern, wo sie drei Monate lang arbeitete, verriet sie ihrer Chefin eines Tages, dass eine neue Mitarbeiterin im Parkhaus des Unternehmens einen Unfall hatte. »Ich wollte eigentlich nur eine lustige Anekdote erzählen. Denn die neue Mitarbeiterin hatte das Auto eines richtigen hohen Tiers der Firma gerammt«, erinnert sich Andrea Willmann. Ihre Chefin aber fand das gar nicht lustig, erzürnt fragte sie, was die denn überhaupt im Parkhaus zu suchen habe. Andrea Willmann war verdutzt. Sie wusste nicht, dass die neue Mitarbeiterin zum Dunstkreis einer Widersacherin ihrer Chefin gehörte. Ebenso wenig ahnte sie, dass die Frage, wessen Mitarbeiter die begrenzten Plätze im Parkhaus nutzen dürfen, schon länger Teil des Machtspiels der beiden Kontrahentinnen war.

Für die Psychologin Ricarda Kohl fing das Berufsleben in der Personalabteilung eines Konzerns mit dem Verzicht auf ihren Nasenring und dem Einkauf vieler neuer Klamotten an. »Dafür ist ein Großteil meiner ersten Gehälter draufgegangen«, erinnert sie sich. Doch das hat sie nicht gestört. Im Gegenteil: Sie fühlte sich nicht mehr als Studentin, gefiel sich in der neuen Position einer auf beiden Beinen im Leben stehenden Frau, die gut verdient und eine verantwortungsvolle Aufgabe hat. So wollte sie auch aussehen. Dann musste sie feststellen, dass ihr Arbeitsbeginn für ihre neuen Kollegen nicht so aufregend war wie für sie. Keiner nahm sich ihrer an. Sie versauerte allein in ihrem Zimmer. »Ich war heilfroh, als ich endlich zwei sympathische Kollegen kennen gelernt hatte, mit denen ich von da an immer zum Mittagessen ging.« Vor allem eine Situation aus der Anfangszeit ist Ricarda Kohl im Gedächtnis haften geblieben. Jene, als sie ins kalte Wasser geworfen wurde. Sie sollte sich um die Einstellung eines neuen Mitarbeiters kümmern, was sie vorher noch nie getan hatte. Sie formulierte die Stellenausschreibung, prüfte die Bewerbungsunterlagen, lud Kandidaten zum Gespräch ein – ohne zu wissen, dass sie die Stelle zunächst hätte intern ausschreiben müssen. Ein grober Schnitzer! Besonders ärgerte Ricarda Kohl, dass eine Kollegin, die ihr Wissen immer gerne für sich behielt, den Fehler in der nächsten Teamsitzung richtig auskostete.

Arbeiten im Zeitkorsett

»Im Beruf herrschen andere Regeln als an der Universität«, sagt Günther Maier, Arbeitspsychologe an der Universität Bielefeld. In der Anfangszeit seien Studenten vollauf damit beschäftigt, diese Regeln kennen zu lernen, sich Informationen über Gesetze zu verschaffen, die nirgends aufgeschrieben sind. Wer konkurriert mit wem? Was sagt die Lage und die Größe eines Zimmers über die Stellung im Unternehmen aus? Welche Kleidung ist angemessen? Wie werden Entscheidungen getroffen? Berufanfänger, die zeit ihres Studiums ihr eigener Herr gewesen seien, müssten lernen, mit Hierarchien umzugehen, sie zu respektieren, aber gleichzeitig nicht den Mut zur Eigeninitiative zu verlieren. »Auch die Teamarbeit im Beruf funktioniert ganz anders als die Gruppenarbeit in der Universität, wo alle zusammen etwas gemeinsam erarbeiten«, sagt Günther Maier. Im Unternehmen müsse man individuelle Verantwortung übernehmen, man müsse sich auf den anderen verlassen können, denn es hänge an jedem Einzelnen, ob ein Projekt scheitere oder nicht. Stets sei man gefordert, Haltung zu beziehen und diese auch zu begründen. Neu sei für viele Berufsanfänger zudem der hohe Termindruck und der Umgang mit einer Deadline: »Anders als im Studium gibt es im Beruf keinen Aufschub, wenn die Arbeit nicht rechtzeitig fertig wird. Zuweilen droht sogar eine Konventionalstrafe.« Auch in den Umfragen des Hochschul-Informations-Systems gehört das enge Zeitkorsett zu den am häufigsten genannten Anfangsproblemen. Vor allem Architekten, Lehrer und Mediziner haben damit zu kämpfen.

Jörg Reich weiß noch genau, wie stressig er die Anfangszeit empfand. Dauernd hatte er unter Zeitdruck Aufgaben zu erledigen, mit denen er keinerlei Erfahrung hatte. Musste ständig bei Kollegen nachfragen, wie etwas funktioniert. »Das fängt ja schon mit so profanen Dingen wie dem Telefon an. Dein Chef ruft an, sagt: ›Ach, hallo, Herr Reich, verbinden Sie mich bitte mal mit Frau Preuß!‹ Und du stehst da und weißt nicht, wie man verbindet.« Ein hohes Arbeitspensum kennt Jörg Reich auch schon aus seinem Architekturstudium, in dem er sich so manche Nacht mit der Fertigstellung eines Entwurfs um die Ohren schlug. Es störte ihn nicht, die Arbeit machte ihm Spaß. Vor allem die Diplomarbeit, ein Entwurf eines öffentlichen Parks über den Bahngleisen am Hamburger Haupt-bahnhof. Oder die Arbeit zum Thema »More home – less house«. Jörg Reich entwarf fahrende Wohneinheiten zwischen S-Bahn-Waggons. Im Berufsalltag musste er sich daran gewöhnen, die langen Tage und Nächte mit weniger visionären Dingen zu verbringen. »Ich musste zum Beispiel einmal den Fußbodenverlegungsplan für ein Bürohaus zeichnen. Das ist eine unglaublich mühselige Idiotenarbeit.« Inzwischen weiß er es aber zu schätzen, nicht nur zu experimentieren, sondern mit realen Baupro-zessen zu tun zu haben.

Claudia Bach erging es anders. Die Kulturwissenschaftlerin wollte früher immer in der Musikindustrie arbeiten. Während ihres Studiums hatte sie einen Nebenjob in einem großen Unternehmen der Branche, war irgendwann sogar als Projektleiterin für den Internetauftritt von Popbands zuständig. Doch nachdem sie ihre Diplomarbeit über die »On-line-Vermarktung von Newcomer-Bands« geschrieben hatte, kam ihr die Musikindustrie nur noch oberflächlich vor. Zum einen hatte ihr die Selb-ständigkeit bei der Fertigung der Diplomarbeit viel Spaß gemacht. Zum anderen stellte sie in ihrem Job fest, dass es in den Auseinandersetzun-gen dort vielmehr um Eitelkeiten als um die Sache ging. Bis heute hat sie ihren Idealismus nicht aufgegeben: Sie will etwas gestalten, kreativ und produktiv sein. Sie hält es nicht aus, den ganzen Tag in irgendeinem

Unternehmen Aufgaben zu erfüllen, die sie nicht wirklich interessieren. Deshalb arbeitet sie freiberuflich – als Modedesignerin. Und nimmt in Kauf, ständig knapp bei Kasse zu sein.

* Namen geändert

Patchwork-Identität statt Normalbiografie

Die Pflicht zur Selbstorganisation

Von Heiner Keupp

Lebenslang in einer Firma – das war einmal. Einer von drei Beschäftigten in den USA arbeitet noch kein ganzes Jahr in seiner aktuellen Firma. Zwei von drei Beschäftigten sind kürzer als fünf Jahre in ihrem derzeitigen Job. Vor 20 Jahren waren in Großbritannien 80 Prozent der beruflichen Tätigkeiten vom 40-zu-40-Typus (eine 40-Stunden-Woche über 40 Berufsjahre hinweg). Heute gehören gerade noch einmal 30 Prozent zu diesem Typus, und ihr Anteil geht weiter zurück.

Für Deutschland liegen keine konkreten Zahlen vor, aber den Umbruch in der Arbeitswelt beobachten wir auch hier. Nicht nur die Arbeitswelt ändert sich, sondern die ganze Lebensgestaltung der Subjekte, in der Arbeitswelt wird der Umbruch nur am deutlichsten. Die biografischen Ordnungsmuster erfahren eine reale Dekonstruktion. Die Erste Moderne hatte noch normalbiografische Grundrisse geliefert, die als Vorgaben für individuelle Identitätsentwürfe dienten. Das Hineinwachsen in diese Gesellschaft bedeutete bis in die Gegenwart hinein, sich in vorgegebenen Identitätsgehäusen einzurichten. Die berufliche Teilidentität spielte innerhalb der normalbiografischen Grundrisse eine zentrale Rolle. Das ist weitgehend passé. Es hat sich ein tief greifender Wandel von geschlossenen und verbindlichen zu offenen und zu gestaltenden sozialen Systemen vollzogen.

Nur noch in Restbeständen existieren Lebenswelten mit geschlossener weltanschaulich-religiöser Sinngebung, klaren Autoritätsverhältnissen und Pflichtkatalogen. Ordnungsvorgaben verlieren an Verbindlichkeit, was viele Menschen als Verlust, als Unbehaustheit, als Unübersichtlichkeit, als Orientierungslosigkeit und Diffusität erleben. Sie versuchen sich mit allen Mitteln ihr gewohntes Gehäuse zu erhalten. Sie sollen Architekten und Baumeister der eigenen Lebensgehäuse werden, aber das ist keine Kür, sondern zunehmend Pflicht in einer grundlegend veränderten Gesellschaft. Nicht mehr von Gefängnis oder Hörigkeit ist die Rede in Bezug auf die Identitätsbildung des Menschen, sondern von »Vagabunden«, »Nomaden« oder »Flaneuren«. Die Fixierung an Ort und Zeit wird immer weniger. Es ist die Rede von der »Chamäleon-Identität«. Es wird die Metapher des »Videobandes« bemüht, »leicht zu löschen und wieder verwendbar«. Die postmodernen Ängste beziehen sich auf das Festgelegt-Werden.

Wie fertigen die Subjekte in einer Gesellschaft ohne biografische Ordnungsvorgaben ihre patchworkartigen Identitätsmuster? Welche Rolle spielt die Erwerbsarbeit dabei?

Der flexible Mensch

Die beiden großen Gesellschaftsdiagnostiker, Kenneth J. Gergen und Richard Sennett, sind sich einig darüber, dass die aktuellen gesellschaftlichen Umbrüche ans »Eingemachte« gehen – in der Ökonomie, in der Gesellschaft, in der Kultur, in den privaten Welten. Allerdings könnten ihre Urteile über diese Umbrüche unterschiedlicher kaum sein.

Kenneth J. Gergen konstatiert ohne erkennbare Trauer dank der neuen Arbeitswelt den Tod jenes Selbst, das sich der heute allüberall geforderten »Plastizität« nicht zu fügen vermag. Er sagt: »Es gibt wenig Bedarf für das innengeleitete ›one-style-for-all‹-Individuum.« Solch eine Person sei beschränkt, engstirnig, unflexibel. Man müsse in Bewegung sein, das Netzwerk sei riesig, es gebe viele Verpflichtungen und endlose Erwartungen, Optionen lauerten allüberall und die Zeit sei eine knappe Ware.

Richard Sennett sieht in seinem viel beachteten Buch »Der flexible Mensch« die gegenwärtigen Veränderungen in der Arbeitswelt dagegen äußerst negativ. Der »Neue Kapitalismus« überschreite alle Grenzen, demontiere institutionelle Strukturen, in denen die Beschäftigten Berechenbarkeit, Arbeitsplatzsicherheit und Berufserfahrung hätten erfahren können. An die Stelle einer »langfristigen Ordnung« trete ein »neues Regime kurzfristiger Zeit«. Wie, fragt Sennett, sollen überhaupt noch Identifikationen, Loyalitäten und Verpflichtungen auf bestimmte Ziele entstehen? Feste institutionelle Muster würden durch netzwerkartige Strukturen ersetzt. Die »Stärke schwacher Bindungen« würde bedeutsamer, womit erstens gemeint ist, »dass flüchtige Formen von Gemeinsamkeit den Menschen nützlicher seien als langfristige Verbindungen«. Zweitens, dass »starke soziale Bindungen wie Loyalität ihre Bedeutung verloren hätten«. Laut Sennett entzieht die permanent geforderte Flexibilität »festen Charaktereigenschaften« den Boden und erfordert von den Subjekten die Bereitschaft zum »Vermeiden langfristiger Bindungen« und zur »Hinnahme von Fragmentierung«. Diesem Prozess gehe immer mehr ein begreifbarer Zusammenhang verloren. »Im flexiblen Regime ist das, was zu tun ist, unlesbar geworden.« So entstehe der Typ des flexiblen Menschen, der sich permanent fit halte für die Anpassung an neue Marktentwicklungen. Lebenskohärenz sei auf dieser Basis kaum mehr zu gewinnen. Sennett hat erhebliche Zweifel, ob der flexible Mensch menschenmöglich ist. Zumindest könne er sich nicht verorten und binden.

Die wachsende Gemeinschaftssehnsucht interpretiert er als regressive Bewegung, eine »Mauer gegen eine feindliche Wirtschaftsordnung« hochzuziehen. »Eine der unbeabsichtigten Folgen des modernen Kapitalismus ist die Stärkung des Ortes, die Sehnsucht der Menschen nach Verwurzelung in einer Gemeinde. All die emotionalen Bedingungen modernen Arbeitens beleben und verstärken diese Sehnsucht: die Ungewissheiten der Flexibilität; das Fehlen von Vertrauen und Verpflichtung; die Oberflächlichkeit des Teamworks; und vor allem die allgegenwärtige Drohung, ins Nichts zu fallen, nichts ›aus sich machen zu können‹, das Scheitern daran, durch Arbeit eine Identität zu erlangen. All diese Bedingungen treiben die Menschen dazu, woanders nach Bindung und Tiefe zu suchen.«

Innerhalb dieses Deutungsrahmens räumt Sennett dem »Scheitern« oder der mangelnden kommunikativen Bearbeitung des Scheiterns eine zentrale Bedeutung ein: »Das Scheitern ist das große Tabu (...). Das Scheitern ist nicht länger nur eine Aussicht der sehr Armen und Unterprivilegierten; es ist zu einem häufigen Phänomen im Leben auch der Mittelschicht geworden.« Dieses Scheitern würde oft nicht verstanden und mit Opfermythen oder mit Feindbild-Konstruktionen beantwortet. Aus der Sicht von Sennett kann es nur bewältigt werden, wenn es den Subjekten gelingt, das Gefühl des ziellosen inneren Dahintreibens zu überwinden.

Gesellschaftliche Umbrüche

Gleichgültig, wie man zur Wertung der beiden Gesellschaftsanalytiker steht: Wir haben zur Kenntnis zu nehmen, dass wir in einer Gesellschaft leben, die gekennzeichnet ist durch

- tief greifende kulturelle, politische und ökonomische Umbrüche, die durch einen global agierenden digitalen Netzwerk-Kapitalismus bestimmt werden.
- sich ändernde biografische Schnittmuster, die immer weniger aus bislang bestimmenden normalbiografischen Vorstellungen bezogen werden können.
- einen Wertewandel, der einerseits neue Lebenskonzepte stützt, der aber zugleich in seiner pluralisierten Form zu einem Verlust von Werten führt, die bislang unbefragt als gültig angesehen wurden, und stattdessen selbst begründete Wertentscheidungen verlangt.
- veränderte Geschlechterkonstruktionen, die gleichwohl untergründig wirksame patriarchalische Normen und Familienmuster nicht überwunden haben.
- die Pluralisierung und Entstandardisierung familiärer Lebensmuster, deren Bestand immer weniger gesichert ist und von den beteiligten Personen hohe Eigenleistungen in der Beziehungsarbeit verlangt.
- die wachsende Ungleichheit im Zugang der Menschen zu materiellem, sozialem und symbolischem Kapital, die gleichzeitig auch zu einer ungleichen Verteilung von Lebenschancen führt.

82

– zunehmende Migration und die daraus folgenden Erfahrungen mit kulturellen Differenzen und mit der Verknüpfung dieser Differenzen zu neuen Mischkulturen, die aber von spezifischen Bevölkerungsgruppen als Bedrohung erlebt werden.
– wachsenden Einfluss der Medien, die nicht nur längst den Status einer zentralen Erziehungs- und Bildungsinstanz haben, sondern auch mit ihrem hohen Maß an Gewaltpräsentation zumindest die Gewöhnung an Gewalt wesentlich fördern.
– hegemoniale Ansprüche und den Einsatz von Krieg und Terror mit dem Ziel, die jeweilige ideologische Vorstellung einer Weltordnung jenseits demokratischer Legitimation durchzusetzen.

Anerkennung und Authentizität

Wie könnte man die Aufgabenstellung für unsere alltägliche Identitätsarbeit formulieren? Hier meine thesenartige Antwort: Im Zentrum der Anforderungen für eine gelingende Lebensbewältigung stehen die Fähigkeiten zur Selbstorganisation, zur Verknüpfung von Ansprüchen auf ein gutes und authentisches Leben mit den gegebenen Ressourcen und letztlich die innere Selbstschöpfung von Lebenssinn. Das alles findet natürlich in einem mehr oder weniger förderlichen soziokulturellen Rahmen statt, der aber die individuelle Konstruktion dieser inneren Gestalt nie ganz übernehmen kann. Es gibt gesellschaftliche Phasen, in denen die individuelle Lebensführung in einen stabilen kulturellen Rahmen »eingebettet« wird, der Sicherheit, Klarheit, aber auch hohe soziale Kontrolle vermittelt, und es gibt Perioden der »Entbettung«, in denen die individuelle Lebensführung wenige kulturelle Korsettstangen nutzen kann und eigene Optionen und Lösungswege gesucht werden müssen. Gerade in einer Phase gesellschaftlicher Modernisierung, wie wir sie gegenwärtig erleben, ist eine selbstbestimmte »Politik der Lebensführung« unabdingbar.

Identitätsarbeit hat eine innere und äußere Dimension. Eher nach ›außen‹ gerichtet ist die Dimension der Passungs- und Verknüpfungsarbeit.

Unumgänglich ist hier die Aufrechterhaltung von Handlungsfähigkeit und von Anerkennung und Integration. Eher nach ›innen‹ bezogen ist Synthesearbeit zu leisten, hier geht es um die subjektive Verknüpfung der verschiedenen Bezüge, um die Konstruktion und Aufrechterhaltung von Kohärenz und Selbstanerkennung, um das Gefühl von Authentizität und Sinnhaftigkeit.

Sinn, Geld, Wir-Gefühl

Nun stellt sich die Frage, welche Ressourcen für eine gelingende Identitätsarbeit notwendig sind. Einiges spricht dafür, dass für eine wachsende Anzahl von Menschen das Bewusstsein für die eigenen Ressourcen und deren Pflege und nachhaltige Sicherung an Bedeutung gewinnt:

– *Lebenskohärenz:* In einer hoch pluralisierten und fluiden Gesellschaft ist die Ressource »Sinn« eine wichtige, aber auch prekäre Grundlage der Lebensführung. Sie kann nicht einfach aus dem traditionellen und jederzeit verfügbaren Reservoir allgemein geteilter Werte bezogen werden. Sie erfordert einen hohen Eigenanteil an Such-, Experimentier- und Veränderungsbereitschaft. Man muss in belastenden Lebenssituationen lernen, den eigenen Anteil an der eigenen Lebensgeschichte zu begreifen und sich nicht immer nur als passives Opfer anderer Menschen, der Lebensumstände oder des Schicksals zu konstruieren. Aber man muss auch die falsche Psychologisierung zurückweisen lernen. Wichtig ist ein Lernprozess, in dem dieses schwierige Ergänzungsverhältnis von subjektiven und objektiven Faktoren entwirrt und richtig sortiert wird.

– *Grenzmarkierungen:* In einem soziokulturellen Raum der Überschreitung fast aller Grenzen wird es immer mehr zu einer individuellen oder lebensweltspezifischen Leistung, die für das eigene »gute Leben« notwendigen Grenzmarkierungen zu setzen. Als nicht mehr verlässlich erweisen sich die Grenzpfähle traditioneller Moralvorstellungen, der nationalen Souveränitäten, der Generationsunterschiede, der Markierungen zwischen Natur und Kultur oder zwischen Arbeit und Nicht-Arbeit. Der Optionsüberschuss erschwert die Entscheidung für die richtige eigene Alternative. Beobachtet wird – nicht nur – bei Jugendlichen eine zunehmende Angst vor dem Festgelegt-Werden (»Fixeophobie«), weil damit ja auch der Verlust von Optionen verbunden ist.

– *Soziale Ressourcen:* Gerade für Heranwachsende sind neben familiären Netzwerken ihre Peergroups eine wichtige Ressource. Familiäre und außerfamiliäre Netzwerke haben für den Prozess einer gelingenden Identitätsarbeit vor allem bei Heranwachsenden eine große Bedeutung. Sie wirken durch die Rückmeldung zu eigenen Identitätsstrategien, durch die Filtrierung kultureller und vor allem medialer Botschaften sowie durch die Bewältigung von Krisen und Belastungen. Ein zweiter Aspekt kommt hinzu: Netzwerke bedürfen der aktiven Pflege und des Bewusstseins dafür, dass sie nicht selbstverständlich auch vorhanden sind. Für sie muss etwas getan werden, sie bedürfen der aktiven Beziehungsarbeit und diese wiederum setzt soziale Kompetenzen voraus.

– *Materielle Ressourcen:* Die Armutsforschung zeigt, dass Kinder und Jugendliche überproportional hoch von Armut betroffen sind und Familien mit Kindern nicht selten mit dem »Armutsrisiko« zu leben haben. Da materielle Ressourcen auch eine Art Schlüssel im Zugang zu anderen Ressourcen bilden, entscheiden sie auch mit über Zugangschancen zu Bildung, Kultur und Gesundheit.

– *Zugehörigkeitserfahrungen:* Die gesellschaftlichen Erfahrungen des Nichteingebettetseins gefährden die unbefragt selbstverständliche Zugehörigkeit von Menschen zu einer Gruppe oder einer Gemeinschaft. Die »Wir-Schicht« der Identität – wie sie der Soziologe Norbert Elias nennt –, also die kollektive Identität, wird als bedroht wahrgenommen. Es wächst das Risiko, nicht zu dem gesellschaftlichen Kern, in dem sich dieses »Wir« konstituiert, zu gehören.

– *Anerkennungskulturen:* Eng verbunden mit der Zugehörigkeitsfrage ist auch die Anerkennungserfahrung: Ohne Kontexte der Anerkennung ist Lebenssouveränität nicht zu gewinnen. In traditionellen Lebensformen ergab sich durch die individuelle Passung in spezifische vorgegebene Rollenmuster und normalbiografische Schnittmuster ein selbstverständlicher Anerkennungskontext. Diese Selbstverständlichkeit ist im Zuge der Individualisierungsprozesse, durch die die Moderne die Lebenswelten der Menschen veränderte und teilweise auflöste, in Frage gestellt worden. Anerkennung muss auf der persönlichen und gesellschaftlichen Ebene erworben werden und insofern ist sie prekär geworden.

– *Interkulturelle Kompetenzen:* Die Anzahl der Kinder und Jugendlichen, die einen Migrationshintergrund haben, steigt ständig. Sie erweisen sich als kreative Schöpfer von Lebenskonzepten, die die Ressourcen unterschiedlicher Kulturen integrieren. Sie bedürfen aber des gesicherten Vertrauens, dass sie dazugehören und in ihren Identitätsprojekten anerkannt werden.

– *Zivilgesellschaftliche Kompetenzen:* Zivilgesellschaft ist die Idee einer zukunftsfähigen demokratischen Alltagskultur, die von der identifizierten Beteiligung der Menschen an ihrem Gemeinwesen lebt und in der Subjekte durch ihr Engagement zugleich die notwendigen Bedingungen für gelingende Lebensbewältigung und Identitätsarbeit in einer offenen, pluralistischen Gesellschaft schaffen und nutzen. »Bürgerschaftliches Engagement« wird aus dieser Quelle der vernünftigen Selbstsorge gespeist. Menschen suchen in diesem Engagement Lebenssinn, Lebensqualität und Lebensfreude und sie handeln aus einem Bewusstsein heraus, dass keine, aber auch wirklich keine externe Autorität das Recht für sich beanspruchen kann, die für das Subjekt stimmigen und befriedigenden Konzepte des richtigen und guten Lebens vorzugeben.

Arbeit, die Spaß macht

In der Studie »Identitätskonstruktionen. Das Patchwork der Identitäten in der Spätmoderne« (Keupp et al., Hamburg 2002) haben wir uns speziell für die Rolle der Erwerbsarbeit für die Identitätsbildung bei jungen Erwachsenen interessiert. Auffällig ist, wie stark bereits im Arbeitsbereich die individuellen Identitätsprojekte auf internen und externen Verknüpfungen beruhen, so als befänden sie sich in einem permanenten (inneren und äußeren) Diskussions- und Verhandlungsprozess. Und das sind unsere wichtigsten Befunde:

1. Angesichts einer zunehmenden Optionalität und einer gleichzeitigen Verknappung von Arbeit kommt es zur Destandardisierung der Erwerbsbiografie. Die normale Berufsbiografie als Grundlage einer festen Berufsidentität gibt es kaum noch. Identitätstheoretisch zeigen sich immer mehr nichtlineare Prozessverläufe. Arbeitsidentität wird über mittelfristige Projekte hergestellt, die aufgegeben, umgeschrieben, aber auch nach längerer Zeit wieder aufgegriffen werden können.

2. Eine an einem bestimmten Berufsbild und der Zugehörigkeit zu einer Berufsgruppe oder einem Betrieb orientierte berufliche Identität wird zunehmend von einer an bestimmten Arbeitsorientierungen, individuellen Kompetenzen und Sinnansprüchen festgemachten Arbeitsidentität abgelöst. Damit geht jedoch kein instrumentelles Verhältnis zur Arbeit einher. Jugendliche wollen nicht Spaß statt Arbeit, sondern Arbeit, die Spaß macht. Die Erosion anderer sinnstiftender Instanzen verleiht der Arbeit eine herausgehobene Rolle für die Identitätsentwicklung junger Erwachsener.

3. Während die Ansprüche an Arbeit gestiegen sind und Erwerbsarbeit für Teile der Identitätsentwicklung sogar an Stellenwert gewonnen hat, verliert Arbeit im Kontext lebensweltlicher Verschränkung an Dominanz. Arbeit ist wichtiger und unwichtiger zugleich geworden. Insbesondere junge Frauen entwickeln komplexe Verknüpfungsmodelle, die zu unterschiedlichen Zeiten

und an unterschiedlichen Orten unterschiedliche Logiken domi-
nieren lassen.

4. Gerade weil die Teilhabe an Erwerbsarbeit und das damit verbundene Einkommen die soziale Position von Menschen in der
Gesellschaft bestimmen, bleibt sie zentral in der Identitätsarbeit.
Erwerbslose schichten ihre Identität nicht einfach um (etwa um
Familie oder um Freizeit), sondern gruppieren sie zentral um
die Abwesenheit von Arbeit und die damit verbundenen Verlus-
te an persönlichem Sinn und sozialer Einbindung. Das drückt
sich nicht nur in psychosozialer Belastung und destruktivem
Verhalten, sondern auch im Festhalten an den eigenen subjektiv-
sinnhaften Arbeitsansprüchen aus. Gerade mit und wegen der
Verknappung von Arbeit wächst ihre Bedeutung für die Identitätsentwicklung. Erwerbsarbeit vermittelt nicht nur zentrale Erfahrungen von Anerkennung, sondern auch von Selbstverwirklichung. In beiden Dimensionen ist sie »sinnstiftende Instanz« und
unter den gegenwärtigen Bedingungen durch nichts zu ersetzen.
Sich selbst als Produzent, Wertschöpfer, Kooperationspartner
und Teil eines gesellschaftlichen Zusammenhangs zu erfahren,
ist außerhalb von Erwerbsarbeit bisher kaum möglich. Es ist eine
spezifische Form von sozialer Zugehörigkeit und Einbindung, die
über Arbeit vermittelt wird. Die Identitätsarbeit der Subjekte besteht darin, Arbeitsverhältnisse in eine Richtung zu gestalten,
die ihre Möglichkeiten von Selbstverwirklichung und Handlungsfähigkeit erweitert.

Literaturhinweise

Bauman, Z.: *Flaneure, Spieler und Touristen. Essays zu postmodernen Lebensformen.* Hamburg: Hamburger Edition 1997

Gergen, K. J.: »The self: death by technology«. In: D. Fee (Hrsg.): *Pathology and the postmodern. Mental illness as discourse and experience.* London: Sage 2000, S. 100–115.

Giddens, A.: *Jenseits von Links und Rechts.* Frankfurt a. M.: Suhrkamp 1997

Keupp, H./ Ahbe, T./ Gmür, W. u. a.: *Identitätskonstruktionen. Das Patchwork der Identitäten in der Spätmoderne.* Hamburg: Rowohlt 2002

Keupp, H./ Höfer, R. (Hrsg.): *Identitätsarbeit heute.* Frankfurt a. M.: Suhrkamp 1997

Kraus, W.: *Das erzählte Selbst. Die narrative Konstruktion von Identität in der Spätmoderne.* Pfaffenweiler: Centaurus 1996

Sennett, R.: *Der flexible Mensch. Die Kultur des neuen Kapitalismus.* Berlin: Berlin Verlag 1998 (engl.: *The corrosion of character.* New York: W. W. Norton 1998)

Kaminkarrieren ade

Erfolgswege in einer vom Wandel geprägten Arbeitswelt

Von Katja Lachnit

Einen Seitensprung hat es bei ihm nie gegeben. Mit 16 Jahren steigt Jürgen Schrempp nach einer Lehre als Kraftfahrzeugmechaniker bei Daimler-Benz ein, studiert Ingenieurwissenschaften, erklimmt alle Karrierestufen des Unternehmens und wird 1989 Vorstandsvorsitzender des Automobilkonzerns, der heute DaimlerChrysler heißt. Schrempps Laufbahn ist das Paradebeispiel für eine so genannte Kaminkarriere. Ähnlich geradlinig lief es bei Rolf Breuer, der nach einer Banklehre Jura studierte. Er fängt bei der Deutschen Bank an, steigt dort schnell zum Leiter der Börsenabteilung auf. Im Sauseschritt wird Breuer Stellvertreter des Vorstands, Vorstandsmitglied, Vorstandsvorsitzender. Heute ist er der Aufsichtsratschef der Bank.

Solche Kaminkarrieren, also der rasche und gradlinige Aufstieg vom talentierten Nachwuchs zur Führungskraft innerhalb eines Unternehmens, waren früher durchaus üblich: »Seit den 90er Jahren aber sind sie immer seltener geworden«, sagt Michel Domsch, Professor für Personalwesen und Internationales Management an der Helmut-Schmidt-Universität in Hamburg. Ein gängiges Karrieremuster gebe es heute gar nicht mehr. Häufige Arbeitsplatzwechsel, Auslandsaufenthalte, Zweit- und Drittjobs, ein Mix aus Selbständigkeit und Festanstellung in Teilzeit – die Berufsbiografien sind vielfältig wie nie zuvor. In Forscherkreisen spricht man in diesem Zusammenhang von Patchwork-Karrieren. Immer häufiger erleben Akademiker zudem, dass ihre Jobs in keinem direkten inhaltlichen Zusammenhang zur Ausbildung stehen. Karrieren, das ist die negative Folge dieser Entwicklung, sind heute viel unsicherer als früher und kaum noch planbar. »Ständiger Wandel ist ein Kennzeichen unserer Arbeitswelt«, lautet das Resümee einer Studie des Fraunhofer-Instituts für Arbeitswirtschaft und Organisation aus dem Jahr 2003. Die gute Nachricht: Der Abschied von der Kaminkarriere eröffnet neue Freiheiten. Abwechslungen im Berufsleben würden von Hochschulabsolventen als durchaus positiv betrachtet, stellt Michel Domsch fest. Veränderung werde darüber hinaus in zunehmendem Maße zur Voraussetzung für beruflichen Erfolg. »Denn wer sich verändert, beweist Flexibilität.«

Lebenslanges Lernen

Einer, der den Wandel als bewusstes Karrierevehikel einsetzt, ist Peter Burgmayer*. Nach dem Soziologiestudium arbeitete er zwei Jahre in der Personalentwicklung des Autokonzerns DaimlerChrysler. Den Job hatte er bekommen, nachdem er 120 Bewerbungen verschickt und Praktika in anderen großen Unternehmen absolviert hatte. Burgmayer fand seine Arbeit interessant, doch damit gab sich der heute 33-Jährige nicht zufrieden. Er wollte Veränderung. Sich entwickeln. Dazulernen. »Beim Einstellungsgespräch wurde mir in Aussicht gestellt, international zu arbeiten. Dazu kam es aber nicht.« Also zog Burgmayer Konsequenzen und setzte seine Karriere in der Mitarbeiterentwicklung von Reemtsma – heute Imperial Tobacco – fort. Dort war er für die Mitarbeiter in Zentral- und Osteuropa zuständig. Er baute seine Kenntnisse in Französisch, Englisch, Spanisch, Italienisch und Russisch aus, reiste durch die ganze Welt und landete in Bristol, dem Hauptquartier des Unternehmens. Dort beriet er den Vorstand. Zwei Jahre, dann musste erneut eine Veränderung her. Heute ist Peter Burgmayer »regionaler Personalmanager für Zentraleuropa«. »Eigenverantwortung, Flexibilität und Weiterbildung waren bei mir der Schlüssel«, sagt er rückblickend. Zudem sei der Aufbau von Kontakten enorm wichtig gewesen. Wo er sich in 15 Jahren sieht? Burgmayer zuckt mit den Achseln: »Den Zeitraum kann ich nicht überblicken. Aber ich kann sagen, dass ich noch eine Menge dazulernen will. Vielleicht auch in anderen Unternehmen.«

Was Burgmayer freiwillig praktiziert, wird in zunehmendem Maße zur Pflichtübung. Denn immer weniger Arbeitgeber wollen ihre Mitarbeiter das ganze Arbeitsleben lang an sich binden. Viele Personalabteilungen achten schon bei der Einstellung von Hochschulabsolventen darauf, ob diese so vielseitig und flexibel sind, dass sie auch woanders einen Job finden könnten, weiß Friedemann Nerdinger, Professor für Wirtschafts- und Organisationspsychologie an der Universität Rostock. »Denn es gibt den Trend, junge Mitarbeiter nach zwei Jahren auszutauschen – rechtzeitig vor anstehenden Gehaltserhöhungen.«

Flexibilität statt Fachwissen

Die heutigen Hochschulabsolventen sind sich der Unsicherheit ihrer Lage bewusst. Nur jeder zehnte Student im Hauptstudium geht davon aus, dass er das ganze Erwerbsleben im gleichen Beruf verbringt – wie aus der Umfrage »Generation 05« des »Manager-Magazins« in Kooperation mit der Unternehmensberatung McKinsey aus dem Jahr 2003 hervorgeht. Nicht einmal die Hälfte der 1000 befragten Studenten erwartet für sich in Deutschland eine gesicherte Zukunft. Nahezu 60 Prozent zieht daher in Erwägung, eine neue Existenz im Ausland aufzubauen. So wie es zum Beispiel Bettina Hassemer getan hat. Die Geschichte der heute 37-Jährigen liest sich wie die Biografie eines Nomaden, dabei ist ihre Karriere für heutige Zeiten nicht ungewöhnlich. Bettina Hassemer hat in Hamburg Amerikanistik, Hispanistik und Psychologie studiert, nach dem Examen absolvierte sie ein Praktikum bei einer TV-Firma. Als sie trotz zahlreicher Bewerbungen keine Stelle für ein journalistisches Volontariat bekam, begann sie bei einer Zeitarbeitsfirma: »Ich wollte ja nicht arbeitslos sein.« Stattdessen bearbeitete sie die Kundenpost beim Hamburger Kosmetikkonzern Beiersdorf und managte das Sekretariat eines Chefarztes. Immerhin erfuhr Bettina Hassemer auf diese Weise, was sie nicht werden wollte. Sie packte ihre Koffer und ging ins Ausland, nach Spanien, wo sie zunächst eine befristete Stelle als Redakteurin beim Mallorca-Fernsehen annahm und dann beim Lifestyle-Magazin »Top Mallorca« volontierte. Nach einem Jahr auf der Insel kam sie zurück nach Hamburg. »Das war im Frühling 2000. Ich wollte ins Internetgeschäft, da herrschte ja damals Goldgräberstimmung.« Bettina Hassemer fand einen Job als Online-Redakteurin bei einem neu gegründeten Gesundheitsmagazin, dafür nahm sie einen Umzug nach Frankfurt in Kauf. Im neuen Job war sie ganz allein für die Konzeption des Internetauftritts zuständig, was sie als echte Herausforderung empfand. Doch das Unternehmen ging bald pleite. Ihre darauf folgende Stelle in der Internet-Redaktion des Fernsehsenders Hamburg 1 wurde zum Ende ihrer Probezeit gestrichen. Bettina Hassemer bildete sich in einem neunmonatigen Kurs zur Projektmanagerin fort, wurde danach arbeitslos. Sie schrieb unzählige Bewerbungen und fand über einen Bekannten einen Job bei einem Stadtmagazin, dem »Hamburg Führer«, wo sie seit einem Jahr arbeitet. »Der Job gefällt mir. Das Beste daran ist, dass die Stelle unbefristet ist«, sagt sie. Jetzt könne sie in Ruhe über ihre weitere Karriere nachdenken.

Wie bereitet man sich als Student oder Hochschulabsolvent auf die vom permanenten Wandel geprägte Arbeitswelt vor? Experten sprechen in diesem Zusammenhang von einer »Kompetenzkarriere« oder auch von »Employability«. Akademiker sollten sich viele Fähigkeiten aneignen, die sie trotz aller Veränderungen stets berufsfähig halten. »Fachwissen reicht nicht aus«, sagt Karl-Heinz Minks, Projektleiter für Absolventenforschung beim Hochschul-Informations-System (HIS) in Hannover. Zertifikate wie etwa Diplome erfüllten heute nur noch die Funktion von Eintrittskarten in den Wettbewerb um spezifische Arbeitsplätze. »Eine sichere Option auf einen Platz in der ersten Reihe sind sie nicht mehr.«

Wichtig sei, dass man sich stets weiterbildet. Gefragt seien zudem Allgemeinbildung, interdisziplinäres Denken, interkulturelle Kompetenz und Fremdsprachen. »Im Gegensatz zu Fachwissen sind solche Fähigkeiten langlebig, sie machen flexibel«, sagt Minks. Dauerhaft attraktiv blieben zudem Bewerber, die Schlüsselqualifikationen wie Kommunikationsfähigkeit, EDV-Wissen und Teamfähigkeit besitzen. Arbeitsmarkt-Experten empfehlen neben dem Erwerb von Schlüsselqualifikationen auch den Aufgabenwechsel innerhalb eines Unternehmens. Eine solche Jobrotation würde von einigen Unternehmen wie Lufthansa, VW und Audi sogar ausdrücklich gewünscht. »Man ist als Mitarbeiter vielseitig einsetzbar und macht sich so in stärkerem Maße unentbehrlich«, so Domsch. Als besonders wichtig erachtet der Experte, dass man sich in dieser sich stets wandelnden Arbeitswelt ein Netz guter Kontakte aufbaut.

Freiheit genießen

Die Bindung zwischen Unternehmen und Arbeitnehmer ist längst nicht mehr so stark wie früher. Organisationspsychologe Nerdinger sieht darin einen Vorteil: »Wenn wir uns nicht mehr so stark mit einem Unternehmen identifizieren, sind wir offener für andere, bessere Jobs.« Wer sich auf den permanenten Wandel einstelle, könne die größere Freiheit und die stärkere Abwechslung im Berufsleben sogar genießen.

Einer, der das tut, ist Markus Baumanns. Der 39-jährige Historiker ist heute Geschäftsführer der ersten privaten Uni für Rechtswissenschaften in Deutschland, der Bucerius Law School. Schon im Studium legte er Wert auf Vielseitigkeit, absolvierte Auslandssemester in Toulouse, Oxford, Paris und Wien. Gleichzeitig suchte er den Kontakt nach draußen, in die Berufswelt. Er fand einen Studentenjob im Bundespresseamt, den er auch noch ausübte, als er nach dem Examen seine Promotion schrieb mit dem Titel »Das publizistische Werk des kaiserlichen Diplomaten Franz Paul Freiherr von Lisola (1613–1674) – ein Beitrag zum Verhältnis von Mächtepolitik und öffentlicher Meinung in der frühen Neuzeit«. Im Bundespresseamt war er für die »Kanzlermappe« verantwortlich, er sichtete Zeitungen und Zeitschriften und stellte die wichtigsten Artikel in einem Pressespiegel zusammen, den der damalige Bundeskanzler Helmut Kohl zu lesen bekam. Aus dem Studentenjob resultierten entscheidende Kontakte. Baumanns stieg nach der Promotion ins Presse- und Informationsamt der Bundesregierung ein, wechselte dann ins Auswärtige Amt, für das er als Presse-, Politik- und Kulturattaché nach Kolumbien ging. Vier Jahre blieb er dort, dann machte sich sein innerer Drang nach Veränderung wieder bemerkbar. Baumanns wechselte 2000 zur ZEIT-Stiftung, wo er für die internationalen Programme und die Pressearbeit zuständig war. Ein Jahr später, anno 2001, nahm er die Stelle des Geschäftsführers an der Bucerius Law School an. »Dass ich als Historiker unter den ganzen Juristen ein Exot bin, schadet mir nicht. Im Gegenteil: Als Fachfremder habe ich die notwendige Distanz, um mit kühlem Kopf Entscheidungen zu treffen.« Wovon er in seinem Berufsleben am meisten profitiert hat? »Sprachen, Kommunikation, Genauigkeit, Rhetorik. Ich habe immer versucht, über den Tellerrand zu blicken.«

* Name geändert

Der Tag ist immer zu kurz

Aus dem Leben einer berufstätigen Mutter

Von Karin Baumhöver

Kleine Kostprobe gefällig? O.K., los geht's! 6.15 Uhr aufstehen, Milchflaschen für zwei halb schlafende Kinder zubereiten, dann zum Waschen antreiben und beim Zähneputzen helfen. Vorbereitete Brote, Taschen und Kinder rein ins Auto, den einen Sohn zum Kindergarten fahren, den anderen in die Schule. Die Zeit zwischen 8.30 und 9 Uhr gehört dem Haushalt, danach beginnt der Job. Telefonate mit der DKV, schnell noch mal die Unterlagen für die Pressekonferenz checken. Zwischendurch noch ein paar Schulangelegenheiten klären – hätte ich mich doch bloß nicht der Elterninitiative für den Englischunterricht meines Sohnes angeschlossen! 11.30 Uhr: Jetzt noch schnell aufbrezeln und die Kinder wieder abholen, um 13 Uhr beginnt die Pressekonferenz zum Kölner Brückenlauf, den meine Firma sponsert. Ich begrüße die Journalisten und Veranstalter und sehe beruhigt, dass die Kinder hinten im Internet surfen. Gut, dass ich ihnen zwei Batman-Figuren versprochen habe, wenn sie lieb und leise sind! Um 14.30 Uhr ist die Konferenz vorbei, alles gut gelaufen, wir kaufen Batman-Figuren und gehen zu McDonald's. Dann geht's nach Hause, die Kinder spielen, ich spiele mit. Zwischendurch Anrufe von DKV-Kollegen und Journalisten. Um 17 Uhr bereite ich Essen vor, dann Abendessen in der Familie. 19.30 Uhr: Telefonate mit der Firma, mit der Internetanwendung zum Brückenlauf gibt's Probleme. 20.30 Uhr: Kinder zum Zähneputzen antreiben, dann Geschichte vorlesen und ins Bett bringen. Feierabend – her mit dem Rotwein!

So sah der Tagesablauf am 21. August 2000 aus. Ein ganz normaler Tag, seit ich Kinder habe. Es ist mühselig, gleichzeitig Mutter und berufstätig zu sein. Aber ich möchte auf beides nicht verzichten. Kinder großziehen ist eine Lebensaufgabe. Sich ohne Störung auf eine Aufgabe konzentrieren, Gespräche jenseits des Windeln-Füttern-Spielen-Horizontes führen baut auf und macht zufrieden. Der Reiz liegt in der Abwechslung beider Welten. Bleibt die Frage, wie man Kinder und Karriere miteinander vereinbart. Ein Patentrezept gibt es nicht. Weil jedes Kind anders ist und auch jeder Beruf, jedes Unternehmen eigene Gesetze hat. Ich habe die Erfahrung gemacht, dass sich mit Eigeninitiative vieles bewegen lässt. Aber zurück zum Anfang.

Immer spricht was dagegen

Das Jahr 1991 versprach gut zu werden. Sechs Jahre Studium der Publizistik, diverse Praktika in den Redaktionen von Tageszeitungen und eine mehr als abenteuerliche Zeit beim britischen Hörfunksender BFBS lagen hinter mir. Die Prüfung zum Dr. phil. stand unmittelbar bevor. Zeitgleich hieß es, die Karriere planen, den beruflichen Einstieg sorgfältig abwägen. Neben Prüfungsvorbereitungen wurden Bewerbungen verschickt. Chancenreich hieß es, zwischen der Universität und der freien Wirtschaft zu wählen. Nach Jahren des Unilebens fiel die Wahl nicht sehr schwer: Der Ausflug in die Welt der PR-Agenturen klang gut, versprach Verantwortung und kreatives Arbeiten im aufstrebenden Sektor Gesundheit. Mehr als ein Versprechen wurde die Arbeit jedoch nicht, den Reinfall ersten Grades begrub ich mit französischem Essen und ebensolchem Wein nach drei Monaten. Um nicht abhängig von einer einzelnen Unternehmerpersönlichkeit zu sein, gingen die Bemühungen in Richtung großer Unternehmen. Sie verfügen über unterschiedliche Stellenprofile, die für einen Generalisten der Medien geeignet sind. Sie haben den Vorteil, dass innerhalb der Strukturen Wechsel möglich sind, dass auch ungewöhnliche Arbeitsfelder offen liegen, dass neben kreativer Arbeit zugleich Verantwortung für Personal und Budget zur Stellenbeschreibung gehören und es viele Aufstiegschancen gibt. Den Nachteil zäher Abstimmungsprozesse und vieler übergeordneter Stellen muss man im Gegenzug in Kauf nehmen. Die Deutsche Krankenversicherung AG (DKV) wurde mein neuer

Arbeitgeber. Ich durfte für 45 Filialen des Unternehmens eine örtliche Kommunikationsplanung machen, sie über lokale Pressearbeit informieren und daneben Veranstaltungen kreieren, planen und mittels Mitarbeitern, Kollegen und externen Agenturen auch durchführen. Das erste Jahr endete mit exzellenten Kenntnissen aller Großstädte Deutschlands, vielen neuen Kontakten, einigen Fehlschlägen und dem jetzt sichtbaren Ziel, innerhalb des nächsten Jahres die erste personelle Aufstiegshürde zu schaffen. Nach Jahren des Studiums machte es unglaubliche Freude, all die gewonnenen Kenntnisse auch einzusetzen.

Dass ich Kinder bekomme, stand für mich damals schon fest. Die Frage war nur, wann? Auf keinen Fall unmittelbar nach dem Berufseinstieg, dachte ich immer. Heute weiß ich: Den richtigen Zeitpunkt gibt es nicht. Immer gibt es etwas, das dagegen spricht: Nach dem erfolgreichen Berufseinstieg ist vielleicht eine Aufstiegschance der Grund für ein weiteres Verschieben. Manche meinen, dass das Studium eine gute Phase zum Kinderkriegen ist. Nicht ganz falsch, denn nirgends kann man seine Zeit so flexibel einteilen wie an der Universität – und Flexibilität ist genau das, was berufstätige Mütter brauchen. Andererseits gibt es in dieser Phase noch so viel anderes zu erleben.

Regelmäßig sehen lassen

Als ich zu arbeiten anfing, hatte ich den Partner, mit dem Kinder denkbar waren, bereits gefunden und wir richteten unseren Alltag mit einer großen Leichtigkeit ein. Unser Leben bestand aus Arbeit, Freunden, Kultur, schönen Reisen und dem Gefühl, in der Partnerschaft geborgen zu sein und noch lange genau so weitermachen zu können. Der Biergartenbesuch direkt nach Arbeitsschluss war selbstverständlicher Bestandteil der Woche. Der Schrecken kam mit einem Arztbesuch wegen anhaltender Übelkeit und Kreislaufschwächen. Filmreif war auf jeden Fall die Szene mit dem Arzt, der mir promovierter Akademikerin erklärte, dass keine echte Erkrankung hinter den Beschwerden steckte und bestimmte Pillen schon einmal, wenn auch selten, versagen können. In das Schockempfinden mischten sich Glück, Entsetzen und die Gewissheit, dass sich das gerade eingerichtete Leben jetzt drastisch verändern würde. »Bittersweet« nennen Anglisten dieses Gefühl. Neben dem Partner fiel es mir schwer, die Schwangerschaft dem neuen Chef mitzuteilen, wo doch bereits eine sorgfältige innerbetriebliche Karriereplanung mit Seminaren und Führungskräfteprogramm ausgearbeitet war. Die Schwangerschaft klang in meinen Ohren wie ein Verrat am gerade entdeckten Lebensziel: Karriere.

Um nicht im Nirwana des Vergessens zu versinken, habe ich schon während der Schwangerschaft deutlich gemacht, nach der Geburt von Alwin Vitus auf jeden Fall weiterzuarbeiten. Vorstellen konnte ich mir das Leben mit Kind überhaupt nicht, auch das vorher eingerichtete Kinderzimmer lässt ja nur erahnen, was später alles passiert. Aber eines wusste ich genau: Ich wollte nicht zu jenen 40 Prozent der Frauen in Deutschland gehören, die nach der Babypause nicht wieder in den Beruf zurückkehren. Der vorübergehende Ausstieg muss gut organisiert sein. Wichtig ist zudem, den Kontakt zur Firma nie ganz abzubrechen, sondern sich immer mal wieder sehen zu lassen, am besten so schnell wie möglich wieder kleinere Aufgaben zu übernehmen. Generell haben Eltern drei Jahre nach Geburt das Recht, sich abwechselnd oder gemeinsam um Kinder und Haushalt zu kümmern. Leider entscheiden sich in Deutschland nur 5 Prozent der Väter für die Elternzeit. In dieser Zeit besteht ein besonderer Kündigungsschutz. Für danach besteht der Anspruch auf Weiterbeschäftigung an einem gleichwertigen Arbeitsplatz. Vor allem aber dürfen Väter und Mütter während der Babypause in Teilzeit arbeiten: bis zu 30 Stunden wöchentlich. Dies setzt gesetzlich voraus, dass der Betrieb mehr als 15 Mitarbeiter hat und keine dringenden Gründe gegen eine Teilzeit sprechen.

Verlorene Zeit nachholen

Ich wollte nicht zu lange aussetzen, weil ich mir der Halbwertszeit des Know-hows bewusst war. Also suchte und fand ich nach fünf Monaten intensiver Babyzeit eine Teilzeittätigkeit im Unternehmen, die sich mit den neuen Lebensumständen vereinbaren ließ. Wichtig ist an dieser Stelle das Eigenengagement. Nur wer aktiv mit überlegt und plant, hat eine gute Chance, zu eigenen Bedingungen zu arbeiten. Hilfreich war für mich natürlich das erarbeitete Vertrauen in meine Person und meine Leistung, so dass ich von 15 Arbeitsstunden wöchentlich fünf daheim, im Homeoffice, leisten konnte. Weil Babys erst mit etwa neun Monaten anfangen zu »fremdeln« und jede neue Person anfangs vehement ablehnen, gewöhnte Alwin sich mit mir zusammen an die neue Tagesmutter in der Nachbarschaft. Trotzdem brach mir zu Beginn der Angstschweiß aus, wenn ich ihn zurückließ, um mich am Schreibtisch um Anfragen und Telefonate zu kümmern. Oft war ich froh, dass mir niemand die bleierne Müdigkeit ansehen konnte oder erahnte, dass Anrufe außerhalb der eigenen Arbeitsstunden nicht einfach zu tätigen waren. Erfahren habe ich aber so manches Mal, dass ich nicht ernst genommen wurde, wenn Alwin im Hintergrund quietschte oder womöglich weinte. Meine Arbeit erschien solchen Anrufern im Lichte von: Da ist eine Mami, die ein bisschen Abwechslung im Alltag sucht. Quasi: »Tuppern« für Fortgeschrittene. Schwierig fand ich die von externen Gesprächspartnern suggerierte Einstellung, dass Mütter nur arbeiten, um sich nicht zu langweilen. Auch die Haltung, dass Arbeit der kleine Luxus sich selbst verwirklichender Frauen ist, während der männliche Partner die Versorgung der Familie verantwortet, stört mich noch immer.

Unternehmenskultur zeigt sich, wenn der Ernstfall eintritt. Dies geschah, als Alwin 15 Monate alt war und einen Verbrühungsunfall mit kochendem Wasser hatte. Kein Gedanke mehr an Arbeit und an ein normales Leben. Mit einem kurzen Anruf in der Firma stieg ich für die folgenden sechs Wochen aus. Es folgte eine albtraumhafte Zeit auf der Intensivstation, Tag und Nacht. Durch meine zweite Schwangerschaft bedingt hatte ich darüber hinaus einige Schwächeanfälle. Chef, Kollegen und Unternehmen regelten sofort, dass meine Arbeit vertretungsweise durch eine andere Person übernommen wurde. Es war schön zu erfahren, dass man im Ernstfall als Mutter vom Unternehmen nicht fallen gelassen wird. Das ist nicht überall so und daher rate ich Frauen, die Kinder kriegen wollen, eine familienfreundliche Unternehmenskultur als Auswahlkriterium beim Berufseinstieg zu berücksichtigen.

Fieber messen statt Rotwein trinken

Allerdings machte auch ich die Erfahrung, dass Arbeitsausfälle wegen kleinerer Unfälle des Alltags, etwa wenn Kinder einen gebrochenen Arm, eine Gehirnerschütterung oder eine fiebrige Grippe haben, im Unternehmen nicht gerade mit Wohlwollen honoriert werden. Vor allem, wenn die Arbeit so spezifisch ist, dass sie nicht einfach einem Kollegen übergeben werden kann. Mein Rat: Die »verlorene« Zeit wieder aufholen. Wenn es nicht anders geht, sogar spätabends. Kinder brauchen bei Krankheit ihre Mutter oder ihren Vater – die Arbeitsaufgaben bleiben. Wer sich für die Kind-Karriere-Kombination entscheidet, braucht Stehvermögen und viel Disziplin. Ich hatte nach meist nächtlichen Kinderpflegeaktionen oft einen gewaltigen Arbeitsstau, den ich im Nachgang bewältigen musste.

Unvergessen ist mir die »verpatzte« Feier beim Vorstand: zu Hause Fieber messen und Hals kühlen statt Rotwein und netter Unterhaltung. Noch ein Jahr später durfte ich mir blöde Witze über mein unfreundliches Nichterscheinen anhören – die Entschuldigung »Kinder krank« trifft nicht immer auf Verständnis. Ich habe sie in homöopathischen Dosen angewandt. Auch wenn es sich mit dem Elterndasein schwer vereinbaren lässt: Gelegentliches Teilnehmen an abendlichen Gesprächsrunden und Veranstaltungen sind wichtig. In lockerer Runde wird über Berufliches gesprochen. In Köln sagt man hierzu Klüngel: Man kennt sich, man vertraut sich, man gibt sich Arbeitsaufträge. Beim Networking sind Mütter per se im Nachteil – sicher ein Grund, weshalb Frauen beim beruflichen Aufstieg so oft ausgebremst werden.

Als mein zweiter Sohn Claudius zur Welt kam, legte ich eine »echte« Arbeitspause ein. Das Jonglieren mit unterschiedlichen Babysittern,

Schwiegermüttern und Kindergärtnerinnen, die um 12 Uhr mittags selbst Pause machen, forderte zu viel Kraft und ließ keinen Freiraum für die Arbeit in einem stressigen Job in der Unternehmenskommunikation. Sobald die Arbeit größere Flexibilität in der Zeitplanung fordert, wird es kritisch. Meine Armada von Betreuern hatte mich mehr als ein Drittel meines Monatsgehalts gekostet. Dafür hatte ich die Gewissheit, eine qualitativ gute Betreuung zu haben. Das Betreuungsgeld war eine reine Investition in den Beruf – in der Hoffnung, dass es sich zukünftig lohnt.

Inzwischen sind meine Kinder zwölf und zehn Jahre alt. Ich bin nach wie vor bei der DKV, arbeite halbtags. Der Tag ist immer noch zu kurz. Nachmittags kehren wir aus Büro und Schule zurück, um Termine mit Schulfreunden zu koordinieren, Hausaufgaben zu machen, zu spielen und zu reden. Und natürlich gibt es zwischendurch immer Anrufe aus der Firma. Das ist halt so: Im Leben von Müttern rücken Berufliches und Privates dichter zusammen.

Jung, diplomiert, zum Schnäppchenpreis

Akademiker im Abseits

Von Stefanie Schulte und Katja Lachnit

Ihren Berufseinstieg hatte sich Barbara Klein* anders vorgestellt. Für 600 Euro Bruttogehalt schlug sie sich die Nächte um die Ohren. Zeichnete in ungezählten Überstunden Entwürfe für Bahnhöfe, Flughäfen und Bürogebäude. Sie hoffte auf eine Festanstellung. Oder wenigstens eine Weiterbeschäftigung als Freiberuflerin. Daher rackerte sie sich so ab während ihres Praktikums in einem Architekturbüro. Doch nach sechs Monaten trat eine neue Praktikantin an ihre Stelle und Barbara Klein hatte wieder keinen Job – trotz Architekturstudium mit Abschlussnote 1,5 und Semesterferien-Praktika in renommierten Büros. »Weil die Baubranche in der Krise steckt, gibt es viel zu viele arbeitslose Architekten«, sagt sie und lächelt. Es ist ein kleines, bitteres Lächeln.

Barbara Klein ist nicht allein. Wenn es auf Bewerbungen immer nur Absagen hagelt, weichen junge Hochschulabsolventen zunehmend auf schlecht bezahlte Langzeitpraktika oder Honorarverträge aus. Trotz solider Qualifikation schrauben sie ihre Gehaltswünsche herunter, in der vagen Hoffnung, irgendwann eine reguläre Stelle zu ergattern. »Jungakademiker haben auf dem Arbeitsmarkt zwar immer noch bessere Chancen als andere Bevölkerungsgruppen. Aber der Anteil derjenigen, die sich in prekären Arbeitsverhältnissen befinden, ist in den letzten Jahren stark gestiegen«, bilanziert Christiane Konegen-Grenier, Expertin vom Institut der deutschen Wirtschaft in Köln.

Bereits Ende der 90er Jahre arbeiteten in Westdeutschland 10,2 Prozent der Akademiker mit Uni-Abschluss in einem »unsicheren Beschäftigungsverhältnis«, in Ostdeutschland sogar 14,2 Prozent. Das geht aus einer Statistik der Bundesanstalt für Arbeit hervor. Der Anteil sei weiter gestiegen, vermutet Harro Honolka, Geschäftsführer des Instituts »Student und Arbeitsmarkt« in München. »Die häufigsten Konstruktionen sind Langzeitpraktika, Honorarverträge oder formale Teilzeitstellen, die den Aufgabenzuschnitt von Vollzeitjobs haben.« Vor allem in der Werbe- und Medienbranche erleben Akademiker prekäre Arbeitsverhältnisse, aber auch im sozialen Bereich, in den Kanzleien von Rechtsanwälten und in Architekturbüros. Es gibt sogar schon Wirtschaftswissenschaftler, vor allem im Marketing, die sich nach dem Diplom von Praktikum zu Praktikum hangeln oder als akademische Tagelöhner arbeiten.

Immer nur Absagen

Sonja Weiß* ist so ein Fall. Als sie ihr Wirtschaftsexamen mit Schwerpunkt Marketing in der Tasche hatte, blickte sie voller Zuversicht in die Zukunft. »Ich war sicher, dass es irgendwann mit einem Job klappt, ich hatte ja auch Praktika während des Studiums gemacht.« Nach dem Examen ging Sonja Weiß erst einmal für drei Monate ins Ausland, Neuseeland. Wieder zurück, startete sie einen Bewerbungsmarathon. Sie wollte in einer Künstleragentur arbeiten, während des Studiums hatte sie sich auf dieses Gebiet spezialisiert und sogar ihr Diplom darauf ausgerichtet. Doch auf ihre 40 Bewerbungen bekam sie nur Absagen. »Irgendwann habe ich mich sogar auf Sekretärinnenstellen beworben, nur um irgendwas zu haben.« Das Arbeitsamt vermittelte ihr ein Praktikum in einer Künstleragentur. Vom Amt bekam sie monatlich 600 Euro, ihre Chefin gab großzügigerweise 100 Euro dazu. Als Sonja Weiß spürte, dass es in der Berliner Agentur keine Perspektive auf eine Festanstellung gab, begann sie ein neues Praktikum – diesmal in der Marketingabteilung eines Verlages. Dort arbeitet die 28-Jährige seit einem Jahr, Teilzeit – für 400 Euro. Um ihren Lebensunterhalt finanzieren zu können, jobbt sie darüber hinaus in der Anzeigenabteilung des Verlages und in einem Call Center. Sonja Weiß hofft, dass sich ihre Situation bald bessert: Der Verlagschef hat ihr eine feste Stellung in Aussicht gestellt.

Dass immer weniger Jungakademiker gleich nach dem Examen einen unbefristeten Arbeitsplatz finden, liegt laut Arbeitsmarktexpertin Konegen-Grenier nicht nur an der schwachen Wirtschaftskonjunktur. »Personaler lassen sich heute Zeit, bevor sie sich dauerhaft für einen Bewerber entscheiden, und beschäftigen ihn lieber erst als Praktikanten.« Einige nutzen es auch schlicht aus, dass man sehr gute Leute sehr billig kriegen kann. Sie streichen Stellen und übertragen die Aufgaben hoch motivierten Praktikanten. Zudem wollen immer weniger Arbeitgeber ihre neuen Mitarbeiter mühsam anlernen. Frisch gebackene Absolventen müssen daher ihre praktischen Erfahrungen vor dem eigentlichen Berufseinstieg sammeln.

Praktika ohne Ende

Das hat beispielsweise Sonka Terfehr reichlich getan. Amerikanistik, Lateinamerikanische Studien und Politikwissenschaft waren ihre Fächer an der Universität. Während des Studiums hospitierte sie bei der Deutschen Fernsehnachrichten Agentur und der spanischsprachigen Tageszeitung »El Paso« im amerikanisch-mexikanischen Grenzgebiet. Nach dem Magister ging es so weiter: Praktika beim Norddeutschen Rundfunk, bei Spiegel TV und, und, und. Wenn sie mal kein Praktikum macht, arbeitet sie als Assistentin in einer Schauspielagentur – um ihren Lebensunterhalt zu finanzieren. »Es ist frustrierend, als Praktikantin immer wieder neu anzufangen. Es wird einem erst nichts zugetraut und man hat ständig das Gefühl, sich beweisen zu müssen«, sagt die heute 27-Jährige. Eineinhalb Jahre liegt das Examen von Sonka Terfehr nun schon zurück. Seitdem versucht sie, eine der heiß begehrten Stellen für ein journalistisches Volontariat zu ergattern. Denn erst wenn sie das in der Tasche hat, kann sie sich Hoffnung auf einen festen Arbeitsplatz machen. Sie wurde immer wieder zu Bewerbungsgesprächen eingeladen, schaffte es nach hartem Konkurrenzkampf oft bis in die letzte Auswahlrunde. Und dann? »Dann entscheiden sie sich für jemand anderen. Oder sie verlangen, dass man bei ihnen ein unbezahltes Praktikum macht – als Qualifikation für die nächste Auswahlrunde.«

In ihrer misslichen Lage erleben viele Jungakademiker, dass man sie ausnutzt. Praktikum bedeutet heute nicht mehr, für ein paar Wochen über die Schultern von alten Hasen zu gucken. Praktikanten bleiben mindestens ein halbes Jahr und erledigen für einen Hungerlohn verantwortungsvolle Jobs – manchmal bekommen sie auch gar kein Geld. Etlichen Honorarkräften geht es kaum besser. Sie arbeiten für Dumpingpreise, werden auch gerne mal übers Ohr gehauen. Barbara Klein etwa versuchte sich als Freiberuflerin, nachdem sie keine Festanstellung gefunden hatte. Doch schon ihr erster Auftrag erwies sich als Reinfall. Statt der vereinbarten 3000 Euro bekam sie nur 900. »Die Architektin behauptete, sie habe das Geld vom Bauherrn selbst nie bekommen. Der konnte aber das Gegenteil nachweisen.« Heute beschäftigt ihre ehemalige Auftraggeberin eine neue Honorarkraft.

Kampf um jeden Euro

Barbara Klein bereut gelegentlich schon, dass sie ihr Traumfach Architektur studiert hat. »Mein Freund ist Wirtschaftsingenieur, wir haben uns an der Uni kennen gelernt. Es ist so frustrierend zu sehen, dass er jetzt schon viel Geld verdient, während ich oft nicht mal etwas zur Miete für unsere gemeinsame Wohnung beitragen kann.« Zeitweise konnte Barbara Klein in den letzten Jahren ihren Lebensunterhalt sowie ihre Kranken- und Rentenversicherung nur mit einem monatlichen Scheck von den Eltern bestreiten.

Der Kampf um jeden Euro ist auch Ralf Konrad* vertraut. Vor drei Jahren schloss er sein Jurastudium mit der Note »befriedigend« ab – kein schlechtes Ergebnis unter Rechtswissenschaftlern. »Aber für einen Job beispielsweise im öffentlichen Dienst braucht man mindestens eine Zwei«, sagt er. So schlägt sich der 33-Jährige als freier Mitarbeiter in überregionalen Kanzleien durch. Derzeit bleiben ihm 600 bis 700 Euro monatlich, nachdem er die Hälfte seiner Honorare an die überregionale Rechtsanwaltsgesellschaft abgeführt hat, die Büro, Telefon und Büromaterial stellt. Vor dem Studium hat Ralf Konrad eine Schlosserlehre absolviert. Jetzt denkt er manchmal, dass er als Handwerker mehr verdienen würde.

Dass viele Hochschulabsolventen finanziell nicht auf eigenen Beinen stehen können, hat Folgen für ihre Entwicklung. »Die finanzielle Abhängigkeit von den Eltern führt dazu, dass Akademiker immer später flügge werden«, sagt Helmut Winkler, Professor am Zentrum für Berufs- und Hochschulforschung an der Uni Kassel. Denn im Gegenzug mischten sich Eltern in die berufliche Entwicklung ein. Um das zu vermeiden, müssten die Hochschulabsolventen laut Winkler flexibler und mobiler werden und schon während des Studiums so viel Praxiswissen wie möglich sammeln. Vor allem junge Frauen beherzigten diesen Rat zu wenig, kritisiert Karl-Heinz Minks, Projektleiter für Absolventenforschung beim Hochschul-Informations-System (HIS). »Sie müssen lernen, ihre Karriere zu planen, Forderungen zu stellen und sich im Wettbewerb durchzusetzen.« Dazu gehöre auch, sich vor Studienbeginn besser über die Perspektiven des Faches zu informieren.

Je später der Berufseinstieg gelingt, desto später ziehen Jungakademiker die Gründung einer Familie in Betracht. Die 27-jährige Sonka Terfehr verschwendet daran keinen Gedanken. »In den nächsten fünf Jahren muss das mit der Karriere als Fernsehjournalistin klappen. Erst dann kommt der nächste Schritt«, sagt sie. Die 28-jährige Barbara Klein denkt ähnlich. »Eigentlich wollte ich schon immer Kinder haben«, sagt sie. »Aber wenn ich jetzt einige Jahre nicht arbeite, bin ich komplett aus dem Rennen.«

* Namen geändert

Jeder ist seines Glückes Schmied

Berichte vom Berufebasteln

Ohne Netz und doppelten Boden

Mit Idealismus in die Selbständigkeit

Von Julian Petrin

»Man müsste ein Greenpeace der Stadtplanung gründen.« Es sind immer die einfachen Formeln, die zum Gründungsmythos taugen. Je anmaßender, desto besser. Wir wollten mit Aktionen aufmerksam machen auf das, was sonst ohne Beteiligung der Bürger entschieden wird: die Nutzung des Raums, in dem wir leben. Wir wollten, dass in der Öffentlichkeit über die Entwicklung unserer Stadt diskutiert wird. Wir wollten eine breite Ideenbasis anstelle von Masterplänen, die in den Hinterzimmern der Verwaltung entstehen. Wie beispielsweise für die HafenCity in Hamburg. Wir wollten die Stadtplanung verändern. Heute, acht Jahre nach dem Greenpeace-Ausspruch, fällt es schwer, nicht über den mutig-naiven Tatendrang zu schmunzeln. Aber wir meinten es ernst. Und vielleicht war dies auch der einzig richtige Weg. Augen zu und durch. Jetzt sind wir durch. Und nun, mit offenen Augen, ist vieles anders, als wir dachten.

Unsere Geschichte ist eine Geschichte über die euphorische Existenzgründung zweier Studenten. Es ist eine Geschichte über Aufstieg, Abstieg und Neuanfang. Vor allem aber ist es eine Geschichte über Idealismus. Was er bewegen kann und wo er an seine Grenzen stößt.

Am Anfang der Geschichte steht eine Freundschaft. Freundschaft auf den ersten Blick. Die gleiche Musik, das gleiche Faible für die schönen Dinge, die gleiche Begeisterung für die Welt, für Atlanten, Städte, puristische Bauten. Sogar dieselbe Klinik im selben Geburtsort, nur drei Jahre zeitversetzt. »Ich bin Rüdiger.« Fast ein wenig scheu wirkte er, als er in den Uni-Projektraum trat und sich zu uns setzte. Wir anderen kannten uns schon gut, hatten gerade gemeinsam ein eigenes Studienprojekt ins Leben gerufen. Vielleicht, um der Langeweile der angebotenen Themen zu entgehen. Aber auch, um gemeinsam etwas auf die Beine zu stellen. Mitstreiter finden, Themen suchen, Zeichen setzen, vorankommen, wie auf einer Probebühne für ein noch nicht gedachtes Büro. Es war mein drittes Semester an der TU Hamburg-Harburg, im Herbst 1994. Über ein Jahr nachdem ich mich im Hauptstudium für das Fach Stadtplanung eingeschrieben hatte. Und jetzt Rüdiger.

Vorsichtig und neugierig waren wir. Haben geredet, uns gegenseitig unsere Welt gezeigt, in langen Abenden, wie Jungs mit Fußballbildern. Nur waren unsere Fußballbilder Architekturbücher, Reisefotos, Sondereditionen von Peter Gabriel und David Sylvian. Ich weiß nicht mehr, wann es anfing, wann wir begannen, mehr zu wollen, als uns das Studium bot. Vielleicht, als wir in unserem Studienprojekt merkten, dass wir schon längst woanders waren, als die anderen noch um das Grundlegende diskutierten. Vielleicht, als unsere gemeinsame Arbeit Flügel bekam. Plötzlich standen wir auf der Bühne. Rüdiger und ich, Studenten aus Harburg, mit unseren Plänen für eine Stadterweiterung im Hamburger Hafen. Wir hatten ein Leitbild entworfen, keinen Masterplan. Der »Sprung über die Elbe« sollte flexibel sein, eine Entwicklung über Jahrzehnte. Jetzt waren unsere Pläne ausgestellt am weihevollen Nederlands Architectuur Institut in Rotterdam. Prämiert in Hamburg, mit dem Studienpreis des Bundes Deutscher Architekten (BDA). Da lag etwas in der Luft. Damals, 1995.

Geschichten erzählen. Sinnlich und spielerisch

Nächte, Tage, Nächte, Tage, immergleich am Bildschirm. Jeden Tag Neuland. Neue Dimensionen, Kunden, Aufgaben, neue Software, neue Möglichkeiten. Sicher, es gab ein paar Bücher. »Director 6«, »HTML«, »Tipps für Existenzgründer«. Irgend so was. Aber vor Fieber konnte man kaum innehalten, lesen. Viel zu sehr drückten die Termine und die selbst gesteckten Ziele. Das Studium ruhte – kurz vor dem Diplom. Unvernünftig, aber unumgänglich. Denn diese Gelegenheit war einmalig, das spürten wir. Und wer dachte in dieser Zeit noch an Abschlüsse, damals, als das

Gründen als die wahre Ausbildung galt? Es war 1999, das Jahr meiner Hochzeit. Rüdiger war frischgebackener Vater, im ständigen Wechsel zwischen Vaterpflicht und Firmengründung, unmöglich und wundervoll. Seit fast zwei Jahren hatten wir unsere kleinen Souterrainräume. Schimmel, Ameisen und schlecht geerdete Stromleitungen inklusive. Eigentlich war der Umzug längst überfällig. Kleine Räume, großer Stress. 70 Stunden in der Woche waren keine Seltenheit, ebenso wie die Ränder unter den Augen. Mühevolles Balancieren zwischen maximalem Einsatz und einem Rest Privatheit. Undenkbar dieser Einsatz ohne das Verständnis unserer Frauen. Jedenfalls waren wir die Geschäftsführer unserer eigenen Firma und wir waren erfolgreich. 1999 – das Jahr, in dem wir beim bundesweiten Gründerwettbewerb Multimedia prämiert wurden. Wir hatten Presse, das »Hamburger Abendblatt« porträtierte uns auf fast einer ganzen Seite, »Stadtplanung per Mausklick« hieß der Artikel und ins Fernsehen kamen wir auch.

Unbemerkt waren wir hineingerutscht in unsere Firma. »urbanista« – so nannten wir uns. In diesem Namen steckte noch ein wenig von unserer kämpferischen Gründungsidee, vom »Greenpeace der Stadtplanung«. Wenigstens dort. Denn unser Geschäft lief längst in anderen Bahnen, seitdem wir 1997 unsere ersten Arbeitsräume in Hamburg-Winterhude bezogen hatten. Kurz nach dem BDA-Studienpreis 1995 war es Schlag auf Schlag gegangen. Schon bei unserer ersten gemeinsamen Arbeit hatten wir gespürt, dass uns das Darstellen von Stadtplanung fast ebenso interessierte wie das Entwerfen selbst. Heute nennen wir es »Raumtransport« – das Erzählen und Illustrieren möglicher Zukünfte. Damals war es eine Tür in eine neue Welt, die sich viel zu schnell öffnete, um sich mit Bedacht aufzustellen. Jetzt oder nie, denn wir waren voerneweg, das merkten wir an den skeptisch-neugierigen Blicken um uns herum. Unser Konzept: planen mit Bildern, anregen, provozieren und dabei alle Möglichkeiten der Medien nutzen. Alles war neu für uns, für die Stadtplanung sowieso, die bis dahin in umständlichen Gutachten und umfangreichen Planwerken stattfand. Von Fachleuten für Fachleute. Und schrecklich lieb.

Inspiriert von der Ästhetik des Computerspiels »Eve« von Peter Gabriel, verknüpften wir Stadtplanung mit Multimedia. Klang, Bild, nichtlineare Handlungen, Interaktion. Wir wollten Geschichten erzählen. Den

Betrachter ließen wir etwa in virtuellen Panoramarundgängen Stadtplanung ganz neu erleben. Sinnlich und spielerisch. Er konnte sich auf ein brachliegendes Gelände begeben und dann auf Zeitreise gehen, beobachten, wie sich der Ort verändert. Er konnte aber auch mit Hilfe unseres Stadtbaukastens ein eigenes Szenario kreieren. Wir legten ein Luftfoto der unbebauten HafenCity in Hamburg vor und der Betrachter konnte auf unsere virtuelle Gebäudebibliothek zurückgreifen und das Viertel so bebauen, wie es ihm gefiel. Wir arbeiteten zudem mit Sounds, Hafen sollte wie Hafen klingen. Multimedia in der Stadtplanung: ein Ozean der Möglichkeiten, dessen Grenzen wir nicht einmal ahnen konnten. Atemlos stürzten wir uns in die neue Welt. Kreierten zunächst die »bluebox«, einen mobilen Inforaum, der den Besuchern erlaubte, durchs Fenster die bestehende Wirklichkeit zu betrachten und gleichzeitig mittels multimedialer Anwendungen in die architektonische Zukunft zu schauen. Die Idee zündete. Erster Platz beim Deutschen Studienpreis der Körber-Stiftung 1997.

Mit der Aufmerksamkeit kamen die Aufträge. Sofort und ohne Referenzen zeigen zu müssen. Unser erster Auftrag Anfang 1998 hatte nichts mit Stadtplanung zu tun: eine Präsentation aller Studienpreisgewinner für die Körber-Stiftung. Leipziger Buchmesse, Jutta Limbach auf der Bühne und unsere Multimedia-Installation mittendrin. Viel Vertrauen von Seiten der Körber-Stiftung in den eigenen Preisträger, alles lief perfekt, Feuerprobe bestanden, bereit für neue Herausforderungen. Und die kamen. Digitale Präsentation der Umgestaltung des Blankeneser Bahnhofsplatzes auf einer Bürgerinformationsveranstaltung – im Auftrag des Investors. Multimediale Darstellung eines Hamburger Technologiestandorts im Internet. Städtebauliche Studie über ein Gelände im Harburger Binnenhafen, deren Visualisierung und Präsentation – für die Deutsche Bahn Immobilien. Und vieles mehr.

Es war eine wundersame Zeit, Deutschland war nicht mehr das alte Deutschland. Ideen nach vorne, die Jungen ans Steuer. Jeder, der etwas mit Internet machte, hatte zu tun. Viel Sinnloses wurde gemacht, aber auch viel Neues, Mutiges. Forschung on the job. Was können die »neuen Medien«, was können wir, was wollen die Nutzer? Über Nacht wurden wir so zur Firma, ohne Kundenstamm, ohne Businessplan, nur mit uns, unserem Tatendrang und einer Menge Zuversicht und Zuspruch. Dass das Geld manchmal bedrohlich knapp wurde, konnte uns nicht richtig stören damals. Auch nicht die viele Arbeit. Wir wussten einfach, dass wir Erfolg haben würden. Zumindest glaubten wir, es zu wissen.

Gestern Avantgarde, heute Skeptiker

Frühsommer 2001, irgendwo in der Nähe von Leverkusen, plattes Rheinland. Restnatur und permanenter Stadtrand und mittendrin im Gewerbegebiet eine Pommesbude. Gegenüber am Tisch stand der Typ von der Internet-Holding. Jünger als wir, aber ungemein smart. Und ebenso dynamisch. Hier wurden richtig große Räder gedreht, nicht so behutsam und konzeptionell wie wir mit unseren kleinen Ideen. Hier ging es um Märkte, Anteile, um Exits und Aufsichtsräte. Auch wir hatten jetzt unseren privaten New-Economy-Rausch. 25,1 Prozent sollten wir abgeben. Wovon? Egal. Bewertung unmöglich, da nur auf dem Potenzial unseres Teams aufbaubar. »Lieber ein A-Team mit einer B-Idee als ein B-Team mit einer A-Idee«, sagte der jung-dynamische Typ von der Internet-Holding. Die Pommes waren matschig. A-Team mit B-Idee: War das nun ein Lob für unsere autodidaktischen Allrounder-Fähigkeiten oder einfach nur ein ironischer Hieb gegen unsere nach wie vor fast schon mit romantischem Eifer verteidigte Spezialisierung als »multimediale Stadtplaner«? Denn längst waren die, die später gestartet waren, an uns vorbeigezogen: Riesenfirmen aus dem Nichts. Besser geplant als unsere, auf dem Reißbrett. Zwischen Ketchup und Fritteuse merkten wir es. Wir, die wir uns eben noch als Avantgarde gefühlt hatten, waren zu konservativen Skeptikern geworden. Virtual Reality – für uns nichts als High-Tech-Spielkram. Technik war für uns kein Selbstzweck, wir nutzten die neuen Medien, um Geschichten zu erzählen, vielschichtige Zukunftsbilder zu entwerfen. 3D-Echtzeit-Modelle, in denen man wie Avatare durch die Stadt läuft – wir sahen keinen Sinn darin. Komplexität statt Simplizität. Die alte Falle des Anspruchs. Während wir anfingen, langsamer zu drehen, trieben um uns die neuen Visionäre in die Höhe. Und boten uns Pommes als

Geschäftsessen. Wir lehnten das Angebot ab, die 25,1 Prozent blieben bei uns – wie die anderen 74,9 Prozent auch. Wir wollten die Kontrolle behalten, hatten Angst, als verlängerte Werkbank verheizt zu werden. Wir seien wohl »zögerliche Unternehmerpersönlichkeiten«, hieß es etwas beleidigt im Antwortschreiben der Investoren. Es machte uns ein wenig stolz. Lieber genau hinschauen und zögerlich genannt werden, dafür auch in 50 Jahren noch am Markt sein. Langsames Wachstum aus dem Geschäft heraus. Unser kleines Boot »urbanista«: fast schon wieder Avantgarde in dem Sturm um uns herum, der immer mehr anschwoll, immer absurder wurde. Alles verschlang, was er vorher angetrieben hatte. »urbanista« hatte keinen Ballast, keine Schulden, aber auch keine Masse, kein Kapital. Allein auf großer Fahrt. Zu klein zum Kentern, immer elegant zwischen den Wellen hindurch. Aber verloren, wenn die großen Brecher kommen. Je stärker der Sturm wurde, desto klarer wurde unsere Sicht. Und desto schmerzlicher die Einsicht.

Rette sich, wer kann!

Rüdiger hat Tränen in den Augen. Ich heule, meine Frau auch, mitten in der offenen Halle des Hamburger Flughafens. Rüdigers Kinder, fast wie unsere eigenen. Rüdigers Frau versteinert. In der Hand die Tickets nach Seattle, one way. Nein, wir sind nicht gescheitert. Es hat bloß nicht so geklappt, wie wir es uns ausgemalt hatten. Vielleicht waren wir einfach zu stur. Wollten zu viel Konzept, zu wenig Marktfähiges. Vielleicht fehlte uns einfach die Risikobereitschaft. Richtig Geld verbrennen, das war unsere Sache nicht. Schon gar nicht jetzt, im trüben Spätwinter 2003/2004, wo alle nur von Insolvenz und Krise redeten. Und überhaupt das Umfeld. Seit dem Terror des 11. September war alles wie eingefroren. Auch unser Mut. Auch wenn wir lange gebraucht haben, bis wir merkten, wie kalt es geworden war.

Viel zu lange war es gut gegangen mit »urbanista«. So stolz waren wir gewesen, im Herbst 2001, als wir den Leverkusenern die kalte Schulter gezeigt hatten. Waren in uns gegangen, Positionierungs-Workshop mit allen Mitstreitern. Was wollen wir? Das große Geschäft oder den stetigen, möglicherweise steinigen Weg, auf dem man sich selbst treu bleibt? »Wir sind Stadtplaner, keine Internetagentur.« Eine klare Aussage. Eine stille Lüge. Denn wir waren beides und nichts von beidem. Die Aufträge waren größer geworden, das Büro auch. Nach zwei Jahren in der Hamburger City gab es jetzt das typische Media-Loft in Ottensen, dem Hamburger Stadtteil, wo sie alle sitzen, die Cargohosen-Typen mit dem Milchkaffee-Mug. Wir waren eine Firma. Seit 2001 auch zu dritt. Matthias, Stadtplaner und Betriebswirt, angeheuert für die großen Boom-Pläne, jetzt halb Controller, halb mit eigenen Projekten beschäftigt, im Wartestand auf die Konjunktur. Aber die ließ weiter auf sich warten.

Noch war die Kälte ringsum nicht bei uns angekommen. 2002: treue Kunden, Auszeichnungen, Presse. Für unseren »Umlandscout«, eine Internetplattform für 1200 Ausflugsziele im Hamburger Umland, die größte Regionalpräsentation jener Zeit, erhielten wir den renommierten IF-Award. Wir erstellten eine Bürgerinformations-Website für die umstrittene Airbus-Landebahnerweiterung, bewarben uns um die Internetkampagne für die »wachsende Stadt« – im Auftrag der Hamburger Senatskanzlei. Es brummte. Umsätze, die uns das Gefühl gaben, echte Geschäftsmänner zu sein.

Aber immer weniger Stadtplanungsbezug. Von wegen »Wir sind Stadtplaner«. Unser kleines Boot, inzwischen keine Nussschale mehr, wollte nach links, steuerte aber nach rechts, getrieben von der Strömung, die in die Kälte führte. Wir waren dabei, unsere alte Corporate Identity zu verlieren, getrieben von der Notwendigkeit zu wachsen. Keine Stadtplaner mehr, aber längst noch keine klassischen Werber. Und je weiter wir drifteten, umso mehr spürten wir die Kälte. Die Budgets, um die wir stritten – immer größer, immer umkämpfter. Auf einmal drängten die Großen auch in unsere Bereiche hinein, in die zarten Felder der liebevoll gepflegten mittelständischen Kundenbeziehungen. Jeder macht alles für fast umsonst. Und unsere Qualität, unsere Spezialisierung, unsere Leidenschaft?

Nichts zählte sie in diesem Wettkampf. Denn plötzlich war es wieder da, das alte Deutschland, grau und ängstlich, kontrolliert und skeptisch. Nur noch auf Nummer sicher. Das Nötigste an Geschäft, durchgeführt von möglichst etablierten Auftragnehmern, keine Experimente. Und lieber nichts entscheiden als etwas Falsches. Lange haben wir uns dagegen gestemmt. Mit neuen Investitionen, neuen Aufträgen und dem Glauben, dass wir irgendwie eine Sonderkonjunktur hätten. So wie wir den Boom verpasst hatten, würden wir vielleicht auch die Krise verpassen. »Wir können nicht klagen, das war unser bestes Jahr bisher«, war unser Standardspruch 2002. Ein fetter neuer Auftrag und wir sind versorgt, dank unserer nach wie vor schmalen Struktur. Aber es kommt kein fetter Auftrag. 2003 – das erste Jahr, in dem wir wichtige Projekte nicht bekommen. Pitch verloren, nur der zweite Platz. »Hat uns gut gefallen, aber die andere Agentur ist in einem weltweiten Netzwerk.« Nervosität, die wächst. Und Spannung. Rüdiger inzwischen mit zwei Kindern, die er versorgen muss. Teilweise über 20 000 Euro Bürokosten pro Monat, viel Geld, wenn man kaum Liquidität aufbauen konnte.

Und das Gefühl, dass wir auf der Stelle treten. Erstmals hilft auch keine Extraanstrengung, kein Sich-Aufbäumen. Wann immer es in den vergangenen Jahren nicht so lief, konnten wir das Ruder leicht herumreißen. Kurz Segel straffen und weiter geht es. Nun aber lässt die Kälte selbst das ruhige Wasser, in dem wir treiben, erstarren. Alle klagen, Psychologie der Krise. Wir versuchen, ruhig zu bleiben. Doch die Gedanken kreisen ständig, auch nachts, dann besonders. Gedanken an Flucht. Was würde ich statt »urbanista« tun? Ein Gefühl, als ob man fremdgeht. Im Herbst 2003 dann die Bombe. »Wir gehen nach Amerika.« Rüdigers amerikanische Frau hat es nicht mehr ausgehalten, dieses Deutschland, diese Erstarrung, weit und breit kein Job für sie als gelernte Stadtplanerin. Immer diese Unsicherheit, mit zwei Kindern. Auch Rüdiger hat längst seinen unerschütterlichen Mut verloren. Während Amerika boomt, geht Deutschland durch das tiefste Tal seit 50 Jahren. Das haut die Beharrlichsten um. Mein oft gesagter Spruch klingt mir jetzt wie Hohn in den Ohren: »Wir müssen etwas Grundsätzliches ändern.« Auswandern – das war es bestimmt nicht, was ich meinte.

Aber es ist das Beste für uns alle. So konnte es nicht weitergehen. Unser Mut war weg und draußen war fast alles erstarrt. Man muss den Punkt erkennen, an dem man auf seinem Weg nicht mehr weiter kommt. Lieber die Struktur anpassen, Rüdiger von Amerika aus und Matthias und ich in Deutschland. Smart network und die Marke »urbanista« erhalten. Wir wollten doch ohnehin längst zurück zur Stadtplanung, weg vom klassischen Agenturgeschäft. Also nutzen wir die Krise, stellen uns neu auf und entlasten die Firma vom Druck, profitabel zu sein. Wir drei jeder für sich und alle für »urbanista«. Wie eine Band, die irgendwann von Soloprojekten getragen wird, damit sie neu Kraft tanken kann. Dinge, die man sich sagt und die auch stimmen. Bis man sie aber glauben und fühlen konnte, musste viel Zeit vergehen.

Nach dem Sturm

Wenn ein Traum platzt, tut es noch lange weh. Ein wenig Schmerz bleibt vielleicht für immer. »urbanista« gibt es weiterhin, anders als früher. Weniger Firma, mehr Netzwerk. Weniger Multimedia, dafür mehr Stadtplanung – experimentelle Zukunftsszenarien entwerfen, Diskussionen anregen, politische Spielräume ausloten und weiten. Die Krise hat uns zwangsweise zu den Wurzeln zurückgeführt. Nicht ganz »Greenpeace der Stadtplanung«, aber auch keine New Economy mehr. Wir sind präsent, fast mehr als früher – als Stadtplaner. In der Außenwahrnehmung und auf dem Papier. Nach sieben Jahren Dauersturm habe ich endlich das Diplom nachholen können – eine Reflexion unserer Arbeit, ein Resümee nach acht Jahren »urbanista«. Ich habe darin ein Konzept für den »Sprung über die Elbe« entworfen, anders als 1995, viel radikaler, mit einer zweiten Alster und viel Strand, die Playa Hamburgo. Wichtiger als der konkrete Entwurf ist mir die Theorie, die dahinter steckt: Wie wird Raum wahrgenommen? Was bedeutet es, nur die Zwänge, das Machbare vor Augen zu haben? Anders gefragt: Welchen Sinn hat Utopie für die Stadtplanung? Die Arbeit brachte wieder eine Auszeichnung ein und viel Wirbel in der Presse. Auch die Hamburger Politik beschäftigt sich mit den wilden Thesen.

Wir haben unser Boot retten können, sind endlich im gewünschten Fahrwasser, haben leichten Wind und langsam taut es um uns herum. Zwar steuern wir unser Boot von unterschiedlichen Orten und auch unterschiedlich intensiv. Aber es ist noch unser Boot. Und es hat Fahrt. Wir haben die Augen geöffnet. Vieles ist anders, als wir es uns vorgestellt hatten, und zugleich doch so, wie wir es ursprünglich wollten. Wir sind keine Multimedia-Agentur mehr, sondern ein »Büro für Raumstimulation«. Wir schaffen Identitäten für schwierige Flächen. Haben etwa für die Stiftung Bauhaus eine neue räumliche Identität für die geschrumpfte Region Bitterfeld geschaffen – eine Identität losgelöst vom Territorium, die sich an den Menschen orientiert, auch jene integriert, die längst von da weggezogen sind. Bitterfeld liegt nicht in Bitterfeld, sondern überall da, wo Bitterfelder sind.

Die Technik hat für uns nicht mehr den Stellenwert wie früher. Wir schaffen zwar weiterhin Internetpräsentationen – etwa für die Bauvorhaben des Bundes. Aber Design und Redaktion sind wichtiger geworden. Die Struktur unseres Büros muss sich erst noch neu finden. Ob wir wirklich über den Atlantik hinweg eine Firma führen können? Wir wollen es versuchen. Weniger fiebrig, weniger ungeduldig. Wir sind ja auch erfahrener geworden. Gelernt haben wir viel, Lehren zu ziehen fällt schwer. Denn jede Unternehmung ist anders. Beim nächsten Mal würde vielleicht der entscheidende Auftrag kommen. Uns über die Krise hinweg tragen, alles bliebe beim Alten. Aber dann wären wir nicht, wo wir heute sind. So ist es: Alles soll sich ändern und doch bleiben, wie es ist.

Was sagt der Bauch?

Über die Leidenschaft und die Kunst, Wissenschaft zu vermitteln

Von Bas Kast

Neulich am Kollwitzplatz, Berlin, wo ich wohne. Jeden Samstag gibt es dort einen Markt, mit Käse, Wurst, verschiedenen Schinkensorten, Kräutern, mit Hühnern und eben auch Tomaten. Ich war mit einem befreundeten Ehepaar aus den Niederlanden dort, beide Hirnforscher, herrliches Wetter. Neben uns stand eine Frau, gerade im Gespräch mit einem der Gemüsehändler: »In diesen Tomaten, sind da etwa auch Jene drinne?« – Der Gemüsehändler mit grüner Schürze, er zuckte mit den Achseln, wusste nicht so recht. Die Frau sah umher, suchend, sah mich:

»Sind da Jene drinne?«
»Das will ich hoffen.«
»Wat?«
»Ich meinte nur, ich hoffe schon, das sind schließlich Tomaten …«
»Na, det wees ick ooch, wa, ick will wissen, ob det so ne Jen-Tomaten sind …«

Warum ich Ihnen von dieser Szene erzähle? Um Ihnen kurz meinen Beruf zu beschreiben. Gestatten? Ich bin Dolmetscher. Meine Sprachen? Ich übersetze vom Fachchinesischen ins Deutsche.

Die offizielle Bezeichnung des Berufs, den ich ausübe, lautet: Wissenschaftsjournalist. Eigentlich macht das Dolmetschen nur einen kleinen Teil des Metiers aus – ich werde gleich darauf zurückkommen. Aber erst mal will ich Ihre Fragen beantworten. Wieso, fragen Sie mich, tue ich mir das an? Fachchinesisch, ausgerechnet! Gefällt Ihnen das etwa? Ist das schwer? Wie geht man da vor?

Ein paar Wochen nach der Szene auf dem Markt. Ich habe ein populärwissenschaftliches Buch über die Liebe geschrieben und bin auf einer kleinen Lesereise in der Schweiz, unter anderem in Bern, wo Albert Einstein als Patentbeamter arbeitete. Kramgasse 49, hier schuf Einstein die spezielle Relativitätstheorie. Heute ist das Haus ein Museum und ganz oben, über Einsteins Schreibtisch, hängt ein Schild mit folgendem Zitat: »Es ist von zentraler Bedeutung, dass die Allgemeinheit sich umfassend und verständlich über wissenschaftliche Forschung und ihre Resultate informieren kann. Wenn man wissenschaftliche Erkenntnisse einem kleinen Kreis von Menschen vorbehält, wird dadurch der philosophische Sinn eines Volkes geschwächt, was zu seiner geistigen Verarmung führt.«

Tue ich mir deshalb das Fachchinesisch an? Fast die Hälfte der Deutschen ist sich nicht sicher, ob in normalen Tomaten auch Gene sind. Bin ich Dolmetscher geworden für die Frau auf dem Markt? Manchmal glaube ich das gern. Dass ich Teil der modernen Aufklärung bin. Ein kleiner Teil zwar nur, aber immerhin. Und doch ist das nicht das eigentliche Motiv, das mich zum Wissenschaftsjournalismus treibt. Es ist nicht der Grund, weshalb ich fast jeden Tag ins Büro fahre, mich hinsetze und etwas schreibe. Der Grund ist: weil es Spaß macht.

Alle lehnten ab

Ich gehe meiner Leidenschaft nach. Ich habe einen Beruf gefunden, der dem entspricht, was ich immer schon tun wollte: schreiben. Lange sah es so aus, als würde mir das nicht gelingen.

Von der Journalistenschule wurde ich abgelehnt. Meine Reportage, sagte man mir, sei nicht gut genug. Ich fürchte, sie hatten Recht. Damals war ich am Boden zerstört. Ich schrieb ein Buch, alle Verlage lehnten ab. Ich schrieb ein Exposé für ein Sachbuch – abgelehnt. Ich schrieb Texte, die Zeitungen nie gedruckt haben. Irgendwann, der Verzweiflung recht nahe, hatte ich Glück und eine Wochenzeitung druckte einen Beitrag von mir.

Das Interesse am Schreiben erwachte, als ich 16, 17 war. Plötzlich war es einfach da. Ich machte den wohl üblichen Fehler, gleich mit dem Schwersten zu beginnen, und schrieb einen Roman. Einen schlechten, kein Verlag wollte ihn drucken. Ich schrieb Kinderbücher – auch die wurden nie gedruckt. Ich wollte Romancier werden, aber ich spürte natürlich schon, dass ich davon wohl nie wirklich leben könnte.

Ich weiß nicht, warum, aber ich musste schreiben, es musste gelingen. Wenn ich damals Zeitungen las, dann vor allem, um zu lernen, wie man Artikel schreibt. Allerdings hat es lange gedauert, bis ich selbst einen brauchbaren Artikel geschrieben habe. Ich habe nie für eine Schülerzeitung geschrieben, irgendwie gab es die, wo ich war, nicht. Erst später fing ich an, ich schrieb einen Artikel über die Liebe, den ich dem »ZEIT«-Redakteur Gero von Randow schickte. Ich hatte mich zuvor schon einmal kurz mit ihm unterhalten, in Leipzig auf der Preisverleihung des Deutschen Studienpreises der Körber-Stiftung. Gero von Randow war damals noch in der Jury und ich bekam einen Preis. Abends in einer schönen Villa, von Randow rauchte genüsslich eine Zigarre, da spürte er wohl etwas von meiner Leidenschaft. Er sagte: »Dann schreiben Sie doch mal was für die ›ZEIT‹.« Ich? Ich hatte noch nie etwas Journalistisches geschrieben. Und dann gleich für »DIE ZEIT«? Nachdem ich ihm meinen Artikel über die Liebe geschickt hatte, schrieb er mir einen Brief, ich werde die Zeilen nie vergessen: »… das Stück ist nicht aktuell, nicht neu genug – zumindest nicht für einen Abdruck in der ›ZEIT‹. Jedenfalls: Sie haben Talent.«

Einige Wochen später schrieb ich einen Artikel über einen Forscher in Schottland und »DIE ZEIT« druckte ihn als Aufmacher im Ressort »Wissen«. Es war mein erster gedruckter Artikel. Ein wunderbarer Moment. Danach folgten ein paar weitere Stücke, in der »ZEIT«, der »taz« und anderen Zeitungen. Ich machte ein Praktikum beim »Stern«, danach bei »Geo« – bis ich schließlich eine Volontärstelle beim »Tagesspiegel« bekam, wo ich heute Reporter bin.

So gut wie alles von dem, was ich zwischen 16 und 24 geschrieben habe – eigentlich gar nicht so wenig –, ist nie gedruckt worden. Vieles davon war schlecht. Ich habe acht Jahre vor mich hin geschrieben, frustriert, verärgert, enttäuscht. Ich weiß nicht genau, warum ich nicht aufgehört habe. Heute glaube ich: Wenn man eine Leidenschaft hat, dann sollte man sich durch nichts davon abbringen lassen.

Es muss kribbeln

Jetzt bin ich also Wissenschaftsjournalist. Und was macht ein Wissenschaftsjournalist? Er vermittelt anderen Menschen, Menschen, die man gar nicht kennt, Wissenschaft und das ist mehr als nur dolmetschen.

Stufe 1. Es fängt mit der Auswahl der Themen an. Dazu ein paar Beispiele. Artikel, die ich kürzlich geschrieben habe: »Das Gottes-Gen – warum der Mensch glaubt«, »Das Liebes-ABC«, über besonders gefährliche Viren, über unsterbliche Mäuse, über die dritthäufigste Todesursache in Deutschland, über Kreativität, über die Biologie der Eifersucht, über die Macht der Intuition. Was Interessantes dabei?

Das ist die entscheidende Frage. Ein Wissenschaftsjournalist *darf* sich nicht nur mit dem Interessanten beschäftigen, er muss es. Nicht-Interessantes, Irrelevantes, Routine, das, was der Inhalt so vieler anderer Berufe ist, das, was so viele schlucken müssen – für den Journalisten ist das ein Ausschlusskriterium. Unser Auftrag lautet: Vermeide Langweiliges. Tue uns den Gefallen und such dir etwas Spannendes. Etwas Neues! Wird gemacht. Aber wie? Ganz einfach: Suchen und auf den Bauch hören. Spüre ich das Kribbeln? Will ich mehr wissen? Macht mich das Thema neugierig? Dann macht es den einen oder anderen Leser auch neugierig, wahrscheinlich. Hoffentlich.

Stufe 2. Orientierungsphase. Lesen, sammeln, surfen, googeln, Kollegen fragen, Archiv anrufen: Sag mal, habt ihr was zu dem Thema? Irgendwelche Hintergrundberichte? Statistiken? Umfragen? Langsam arbeitet man sich in das Thema ein, bekommt ein Gefühl dafür, es tauchen Fragen auf.

Stufe 3. Experten anrufen, Antworten auf die Fragen finden, wenn möglich: reisen. Einer der schönsten Teile des Berufs besteht darin, rauszugehen. Ich schreibe diesen Text an einem Sonntagnachmittag im Frühling. Morgen, Montag früh, werde ich den Chef des größten europäischen

Uniklinikums, der Berliner Charité, besuchen, für ein Porträt. Wunderbar. Dieser Mann würde sonst wohl kein Wort mit mir sprechen. Jetzt darf ich ihn zwei Tage lang begleiten, er wird meine Fragen beantworten, sich Zeit für mich nehmen. Bin mal gespannt, wie das wird.

Manchmal ruft die Pflicht. Gene, Stammzellen, solche Sachen. Immer wieder ein Thema, aus politischen Gründen, aus ethischen Gründen. Ich schreibe als Wissenschaftsjournalist für den »Tagesspiegel« in Berlin, schreibe aber auch Bücher über Wissenschaftsthemen, wie etwa das Gehirn oder die Liebe. Im Grunde geht man in beiden Fällen ähnlich vor, nur dass ich bei den Büchern gar nicht auf die Politik und die Tagesaktualität, dafür noch länger auf meinen Bauch hören muss. Das muss ja schon ein Thema sein, mit dem ich mich zwei, drei Jahre auseinander setzen möchte. Gar nicht so einfach: Was fesselt Sie so sehr, dass Sie alles darüber wissen wollen – was bisher aber so noch nicht in einem Buch steht?

Stufe 4. Sie haben Ihr Material zusammen. Nun kommt der schönste Teil, das Schreiben. Wieder kommt der Bauch ins Spiel. Was, frage ich mich, hat mich von allem am meisten berührt? Dann fang doch damit an! Was war noch interessant, was muss noch unbedingt in den Artikel? Und kannst du diese einzelnen Punkte vielleicht durch einen roten Faden verbinden? Ergibt sich eine steile These? Wie neulich, als ich einen Artikel über Intuition schrieb: Unsere Gefühle sind manchmal schlauer als der Verstand …

Journalisten brauchen ein Lasso

Sie sehen schon: Wissenschaftsjournalismus hat zwar mit Wissenschaft zu tun, ist aber etwas ganz anderes. Haben Sie schon mal eine wissenschaftliche Arbeit, ein so genanntes Paper (sprich: päipa), gelesen? Schrecklich. »It was found that …« Da geht's schon los. »It …« Wer denn? Und wie? Von dem Wissenschaftsprozess, vom Versuch und Irrtum, vom Frust, den Intrigen, kurz: von der Welt der Wissenschaft selbst erfahren Sie in einem Paper so gut wie nichts. Stattdessen bekommen Sie einen sterilen Bericht über die Fragestellung, die Resultate, über die Methoden und insofern etwas über die Arbeitsweise, doch selbst der Methodenteil hat mit der schmutzigen Wirklichkeit der Wissenschaft nur wenig zu tun. Jeder Forscher weiß das. Die Leute sind ja lange nicht so trocken wie ihre »Papers«. Eine Freundin von mir, zum Beispiel, Molekularbiologin an einem Berliner Max-Planck-Institut, untersucht ein bestimmtes Magen-Bakterium. Jeden Tag steht sie im Labor, hantiert mit Pipetten, und jedes Mal sagt sie mir: »Es ist Voodoo! Ich tue das Gleiche, exakt das Gleiche, ich schwör's dir, aber es kommt etwas anderes heraus. Heute, zum Beispiel, wieder nur Schrott.« Voodoo! In dem Max-Planck-Labor meiner Freundin ist das ein geflügeltes Wort, aber glauben Sie, so etwas würde je in einem Paper stehen? Natürlich nicht. Ein Paper beschreibt die Wissenschaftswelt ungefähr genauso gut wie eine Stasi-Akte das Leben eines Menschen.

Ein wissenschaftsjournalistischer Text dagegen! Wenn alles gut geht (ich schwärme jetzt mal ein bisschen), ist der schon eher wie eine kleine Biografie, farbenreich, mit Widersprüchen und Wendungen – bestenfalls eine Geschichte. Einen Wissenschaftsjournalisten interessieren eben nicht nur »Fakten«, sondern auch, wie die Fakten zustande gekommen sind, wer die Entdeckungen gemacht und wie sich der Entdecker dabei gefühlt hat.

Wissenschaftsjournalismus und Wissenschaft ist somit nicht das Gleiche und so geraten Wissenschaftsjournalisten und Wissenschaftler manchmal in einen Konflikt. Das fängt schon damit an, dass der Journalist nicht das Gleiche wissen will wie der Wissenschaftler. Der Wissenschaftsjournalist will zum Beispiel auch wissen, ob das Tier, mit dem der Wissenschaftler da experimentiert, Schmerzen spürt und wie der Wissenschaftler damit umgeht, ob er es verdrängt oder in Kauf nimmt oder darunter leidet. Liest man nichts drüber in einem Paper? Nie.

Der Journalist will's trotzdem wissen, denn er schreibt ja kein Paper, er schreibt eine Geschichte und das ist etwas ganz anderes. Eine Geschichte ist im Kern immer gleich: Sie hat einen Helden, der Held hat ein Ziel und auf dem Weg zu diesem Ziel gibt's Probleme, Hürden, die es zu überwinden gilt. Ein Paper oder eine Doktorarbeit ist logisch aufgebaut, eine Geschichte dramaturgisch. Wissenschaftliche Texte beginnen mit dem fachlichen Hintergrund, mit dem, was bereits bekannt ist, und arbeiten sich dann zum Neuen vor. Das Spannendste kommt meist zum Schluss. Journalistische Texte beginnen mit dem Spannendsten, etwa dem Helden – der Hintergrund kommt später. Warum dieser Unterschied? Weshalb kann der Journalist nicht einfach logisch vorgehen? Immer diese Sensationslust! Die Antwort ist einfach: Eine Doktorarbeit wird gelesen, zumindest von einem Menschen, dem Doktorvater nämlich, der die Arbeit lesen *muss*. Der Doktorvater muss nicht zum Lesen verführt werden. Der Leser einer Zeitung oder eines Magazins oder eines Buches schon. Dieser Leser *denkt* nicht daran, einen Text zu Ende zu lesen, wenn dieser Text nicht fasziniert, erschreckt, empört, anregt, erregt, kurz: interessiert. Er legt die Zeitung weg und kauft sie vielleicht nie wieder. Als Journalist brauchen Sie also ein Lasso. Der erste Satz, der erste Absatz muss ein Lasso sein, mit dem fangen Sie Ihren Leser.

Kritisches statt Kuschelberichte

Neulich habe ich für eine Wochenzeitung einen Text geschrieben über eine Infektionskrankheit. Zur Sicherheit gab ich einem der Forscher den Text zum Gegenlesen. Der Mann, ein netter, humorvoller Arzt, korrigierte die eine oder andere Stelle und fand das Stück im Großen und Ganzen okay. Abgesehen vom Einstieg. Ich fing an mit einer Fallgeschichte: einer Patientin, die am Tag vor ihrer Erkrankung, die sie zum Glück überlebte, von ihrem eigenen Tod geträumt hat. Ich habe diese Frau stundenlang interviewt, es war wirklich so, sie hatte von ihrem Tod geträumt und ist dann, am nächsten Tag, nur knapp dem Tod entkommen. Ich bin nicht abergläubisch, ich glaube auch, dass es nur ein Zufall war, trotzdem: Ihre Geschichte hat mich ergriffen – deshalb wollte ich meinen Text damit beginnen. Kommentar des Wissenschaftlers: »Der Anfang ist aber sehr im Stile eines Boulevardblatts.«

Um das Selbstverständliche zur Sicherheit noch einmal zu sagen: Auch ich finde es unseriös, wenn vom soundsovielten »Durchbruch« in der Krebsforschung berichtet wird. Klingt vielleicht spannend, ist meist falsch. Doch die Haltung, Unterhaltung und Ernsthaftes sollten ein möglichst getrenntes Leben führen, eine sehr deutsche Haltung, verstehe ich nicht. Die Kunst, Wissenschaft zu vermitteln, liegt doch auch und vor allem darin: Menschen zu erreichen, die sonst mit Wissenschaft nichts am Hut haben. Der Wissenschaftsjournalist ist, wie ich finde, in erster Linie für den Laien da, der Kenner weiß ja eh schon Bescheid. Der Kenner kann notfalls auch alleine hinfinden, den Laien aber muss man abholen, und zwar dort, wo er steht, im Leben, mit etwas Spannendem, mit einem Lasso – und ihn dann weiterführen, dorthin, wo er noch nicht war. Das ist für mich guter Wissenschaftsjournalismus.

Noch so eine Irritation. Wissenschaftler treten Journalisten nicht selten folgendermaßen entgegen: Berichte doch bitte möglichst genau über die Punkte, die ich dir sage, und auch möglichst genau so, wie ich es dir sage, dann ist es gut. So, so. Man stelle sich mal vor, Journalisten würden über Politik nur so berichten, wie es Dr. Angela Merkel und ihre Kollegen gern hätten, und nur über die Wirtschaft, wie es den Wirtschaftsbossen gefällt – eine Welle des Protests ginge durchs Land. Zu Recht. Gerade ein gescheiter, kritischer Typ, wie etwa ein Wissenschaftler, würde wohl eine solche Zeitung mit solchen Kuschelberichten kaum ertragen. Fazit: Journalisten sind nicht für Politiker da und nicht für Manager und auch nicht für Wissenschaftler, sondern für ihren Leser, der die Zeitung zahlt.

Stufe 5, wir haben's gleich. Sie haben sorgfältig recherchiert, mit den Experten gesprochen und Ihren Text nicht logisch, sondern dramaturgisch aufgebaut. Ihr Text ist fertig. Wirklich? Fast. Ein guter Tipp noch: Lassen Sie Ihren Text noch ein bisschen liegen. Sie müssen ihn ja nicht ganz so wie einen Château Margaux behandeln (obwohl …), aber: Sie haben nur eine Rohfassung geschrieben, nicht mehr. Also, los geht's, redigieren, lesen, ändern, verbessern. Langsam wird's.

Eins noch, Stufe 6. Text gegenlesen lassen. Harte Prüfung, nicht ohne Risiken und Nebenwirkungen, aber sehr wichtig. Ihr erster Leser. Nehmen Sie ihn ernst. Sie tun Ihre Arbeit schließlich für ihn. Nach einigen Überarbeitungen ist Ihr Text endlich fertig. Und jetzt? Nun, weiter geht's, das nächste Thema wartet schon. »Wissen hält nicht länger als Fisch«, meinte einst der britische Philosoph und Logiker Alfred North Whitehead. »Dieser Satz enthüllt zugleich die tiefe Verwandtschaft zwischen der Wissenschaft und dem Journalismus«, schreibt Gero von Randow in einem brillanten Essay über Wissenschaftsjournalismus. »Denn auch wir haben eine enge Beziehung zum Fisch: Heute schreiben wir Printleute die Zeitung voll, und morgen wird Fisch darin eingewickelt.«

Letzte Ausfahrt IchIchIch-AG

Von Weltherrschaftsplänen und dem Sinn einer ironischen Firmengründung

von Philipp Albers

Eines Tages rief mich mein Freund Holm Friebe an. Er beorderte mich und einige andere Freunde für den Abend in die »Gaststätte W. Prassnik«, eine Kneipe in Berlin-Mitte, die mit ihrem Retro-Design perfekt den Charme des alten Ostens simuliert. Es sollten an diesem Abend aber ausnahmsweise mal nicht die großen und kleinen Lagen der Berliner Weltläufte diskutiert werden. Vielmehr, so Holm, verfolge er große Pläne, er wolle ein ganz neues Ding starten, eine Firma gründen. Und dafür brauche er mich. Ich hatte sowieso nichts zu tun und musste irgendwie Geld verdienen. Holm arbeitete damals als freier Journalist, nachdem er ein Jahr lang im Trendbüro in Hamburg angestellt gewesen war. Folglich kannte er sich in der Welt der Werbe- und Kreativagenturen aus. Die Festanstellung hatte sich jedoch für ihn als eine unhaltbare Zumutung herausgestellt und jetzt wollte er mit seinen Freunden eine eigene Agentur gründen – oder zumindest etwas, das so aussah wie eine Agentur.

Einen Namen gab es schon: Zentrale Intelligenz Agentur. Und auch das dazu passende Logo war vorhanden, ein kleiner Computer mit integrierter Tastatur, die aus nur drei Tasten bestand: ZIA. Weniger klar war, wie denn das im Namen enthaltene Versprechen ausgefüllt werden sollte. In den folgenden Wochen und Monaten debattierten wir in unzähligen Treffen im Prassnik, welche Gestalt die zu gründende Firma annehmen sollte und, noch wichtiger, ob es überhaupt eine Firma im klassischen Sinne, mit dem Ziel der Einkommensvermehrung, werden sollte. Oder eine, die nur so tut als ob, gewissermaßen eine ironische Firma. Wir entwarfen großspurige Weltherrschaftspläne und brüteten unterschiedlichste Geschäftsmodelle aus, die irgendwo im Niemandsland zwischen Konzeptkunst und einem Schreibbüro für Journalisten und Akademiker angesiedelt waren. Angetrieben wurden wir von dem Wunsch, gemeinsam das zu machen, was uns Spaß machte, dem Willen, unseren Arbeitsalltag selbst zu bestimmen und damit, wenn möglich, das zum Leben nötige Geld zu verdienen.

War das naiv? Die versponnene Idee von Endzwanzigern, die nicht erwachsen werden wollen? Zeitverschwendung? Nein, nichts von dem. Erstens hat mich unser Projekt tatsächlich finanziell über Wasser gehalten. Und zweitens habe ich viel gelernt – vor allem durch die im Projekt angelegte Dynamik der Selbstprofessionalisierung: Von den internen Arbeitsabläufen bis hin zum Auftreten Kunden gegenüber machte die ZIA im Laufe der Zeit gewaltige Fortschritte. Allein, in einer Ich-AG, ohne Austausch mit anderen, kann man eine solche Dynamik gar nicht lostreten. Auch der ironisch-spielerische Ansatz war ungemein hilfreich. Er gab unserem Projekt eine gewisse Leichtigkeit, er nahm uns den Druck, möglichst schnell viel Geld zu verdienen. Ich persönlich war vor allem froh, eine Perspektive zu haben, als wir im Frühjahr 2002 die Gründung der Zentralen Intelligenz Agentur beschlossen.

Keine Alternative

Lange hatte ich brav vor mich hin studiert und mich wenig darum geschert, was denn nach dem Studium kommen könnte. Schließlich war ich über weite Strecken meines nicht gerade kurzen geisteswissenschaftlichen Studiums der Amerikanistik, Philosophie und Kulturwissenschaft von der diffusen Idee bestimmt, nach Beendigung desselben einfach an der Universität zu bleiben und zu promovieren. Weiter reichte mein Vorstellungshorizont zu dieser Zeit nicht. Während die Kommilitonen in den Semesterferien Praktikum an Praktikum reihten, trieb ich mich auf Sommerakademien und Konferenzen herum oder nahm 1996 an der ersten Ausschreibung des Deutschen Studienpreises teil. Das Geld zur Aufbesserung meiner Kasse verdiente ich mir in der zweiten Hälfte meines

Studiums durch einen Job als studentische Hilfskraft, so dass ich auch hier nicht darauf angewiesen war, den universitären Kosmos zu verlassen. An welchem Punkt die ersten Zweifel am akademischen Karrieremodell aufkamen, kann ich heute nicht mehr genau sagen. Wahrscheinlich hing es mit dem drohenden Studienabschluss zusammen, denn als die Magisterarbeit geschrieben war und die letzten mündlichen Prüfungen näher rückten, wurde mir klar, dass ich mir jetzt langsam ernsthaft Gedanken machen müsste, wie es weitergehen soll. Freunde schwenkten auf die Promotionsspur ein, hatten zum Teil auch effizienter studiert und bekamen Stellen in Sonderforschungsbereichen oder saßen nach erfolgreicher Antragschreiberei als Stipendiaten in irgendwelchen Graduiertenkollegs. Doch in den Gesprächen auf den Universitätsfluren waren die sich stetig verschlechternden Aussichten für Geisteswissenschaftler und die erodierenden Bedingungen an den Universitäten ständiges Thema. Überhaupt war irgendetwas am System Universität unbefriedigend und ich hatte das Gefühl, die wirklich wichtigen Dinge zu verpassen.

Also musste etwas anderes her. Zum Glück hatte ich noch andere Freunde, wie Holm, die nicht auf die akademische Laufbahn fixiert waren. Die meisten machten »irgendwas mit Medien«, zumeist freiberuflich, oder sie hatten ihre Seele an eine Agentur verkauft. Es war noch nicht lange her, dass die New-Economy-Blase geplatzt war, und Berlin mit seiner Ökonomie der Improvisation bot einen fruchtbaren Boden für deren Zerfallsprodukte. Krisen sind besonders günstige Zeiten, um etwas Neues auf die Beine zu stellen. Die Zentrale Intelligenz Agentur kam da gerade recht. Das Neue, um das es bei der ZIA gehen sollte, war, eine Form des Arbeitens (und Lebens) zu finden, die die einsamen Klippen des kreativ Selbständigen ebenso umschiffte wie den nicht minder höllischen Archipel der Festanstellung mit seinen geregelten Arbeits- und Urlaubszeiten, Hierarchien und internen Machtkämpfen. »Etwas Besseres als Festanstellung und Ich-AG finden wir allemal«, brachte Holm unser gemeinsames Wunschziel auf den Punkt. Eine andere Formulierung, die wir für diese neue Form der Kollaboration fanden, lautete »IchIchIch-AG«.

Am Anfang war die Fassade

Einen guten Namen, eine Website und Visitenkarten – mehr braucht man eigentlich gar nicht für eine Firma. Den richtigen Namen hatten wir, eine Website, die unser Leistungsspektrum mit Wendungen wie »kurzfristige Bereitstellung kreativer Manövriermasse« oder »Gehirnstrom direkt vom Erzeuger« und ähnlichen Buzzwords aus dem sprachlichen Code der Kreativagenturen angemessen unscharf beschrieb, war rasch zusammengebaut, die Visitenkarten schnell besorgt. Die Fassade war geschaffen und jeder, dem wir davon erzählten, hielt die Zentrale Intelligenz Agentur für eine ordentliche Agentur, die so seriös oder unseriös arbeitete wie andere so genannte Kreativagenturen auch. Allerdings dauerte es noch eine Weile, bis wir auf die Frage: »Was machst du eigentlich?«, nicht mehr antworteten: »Äh, also ich mach da mit Freunden so eine Art Agentur, äh, Zentrale Intelligenz Agentur heißen wir …« Denn darauf folgte unvermeidlich der Satz: »Aha, und was macht ihr genau?« Ganze Abende verbrachten wir damit, den für die Beantwortung dieser Frage perfekten »Elevator Pitch« zu formulieren, und jonglierten mit diversen Geschäftsmodellen. Doch die Unerklärbarkeit, die wir schließlich aus offensiver Verzweiflung heraus zum Prinzip unserer ironischen Firma erhoben, hatte auch ihre Vorteile. Sie legte einen Interesse weckenden Schleier des Geheimnisses um das Gebilde ZIA und erlaubte uns zugleich, alle möglichen Aktivitäten – von der Organisation einer »Letzten langen Nacht der Popliteratur« für einen befreundeten Autor bis hin zu Ghostwriting-Aufträgen für die Unternehmensführung eines großen Automobilzulieferers – unter ihrem Signum zu vereinen.

Ging es zunächst darum, einen Pool von Freelancern aufzubauen, die temporär strategische Allianzen eingingen, so kristallisierte sich mit der Zeit in unserem Dauerexperiment »virtuelle Firma« folgende Struktur heraus: Fünf Agenten und zwei »Senior Consultants« bilden den Kern der ZIA, darum herum gruppiert sich ein loses Netzwerk von mehreren Dutzend »Inoffiziellen Mitarbeitern«, auf deren Expertise je nach Auftragslage und Anforderung zurückgegriffen wird. Das Arbeitsspektrum reicht von der Erstellung journalistischer Texte und der redaktionellen Betreuung für verschiedene Medien über den Entwurf von Konzepten und Szenarien für Agenturen bis hin zur Markenberatung und Ausarbeitung von Trendstudien für Unternehmen. Wir kooperieren beispielsweise mit einem Schweizer Management- und Trendmagazin und erstellen einen monatlichen Newsletter zu Design- und Gesellschaftstrends für eine Berliner Brandingagentur. In beiden Fällen kommt es auf die Fähigkeit an, journalistisches Arbeiten, konzeptionelles Denken und eine geschärfte Beobachtungsgabe für die neuesten Entwicklungen in Kunst und Kultur, Wissenschaft und Wirtschaft, Technik und Design miteinander zu verbinden. Daneben sollte Zeit bleiben für eigene Projekte, die nicht an einen Kundenauftrag und den Zwang zum Geldverdienen gebunden sind. Im Juli 2005 lancierte die ZIA das kollektive Gegenwarts- und Zukunftsforschungsblog »Riesenmaschine – das brandneue Universum« (http://riesenmaschine.de). Täglich wird es von den Agenten der ZIA und eingeladenen Autoren mit Berichten über Entdeckungen und Neuerungen auf den Gebieten Design, Konsumkultur und digitales Leben gefüllt. Die ZIA unterstützt zudem die Arbeit befreundeter Künstler und Kreativer, sie konzipiert und organisiert beispielsweise die monatlich stattfindende Unterhaltungsshow »Berlin Bunny Lectures«. Auf ein Büro und anderen unnötigen Ballast verzichteten wir von Anfang an, nicht nur aus Kostengründen. Die virtuelle Firma arbeitet dort, wo die Rechner ihrer Mitarbeiter stehen – ein Online-Chat ist schnell zusammengeschaltet. Und wenn man sich tatsächlich mal treffen muss, was inzwischen mindestens einmal die Woche passiert, gibt es ja Kneipen wie das Prassnik.

Die richtige Arbeitswelt

Die am Kneipentisch entstandene Idee wurde bald zur Hauptbeschäftigung, zu richtiger, echter Arbeit, wenn sie sich auch von den gängigen Formen der Erwerbsarbeit unterscheidet. Es machte mir Spaß und ich konnte davon leben, doch irgendwann wollte ich dann doch die richtige Arbeitswelt einmal kennen lernen. Schließlich hatte ich immer noch kein einziges Praktikum in meinem Leben absolviert. Nach einem kurzen Praktikums-Intermezzo bei einer Werbeagentur, das mir noch einmal deutlich vor Augen führte, warum eine Festanstellung in der Werbebranche für mich nicht erstrebenswert war, besann ich mich auf die Inhalte meines Studiums: Amerika! Ich durchmusterte also alle in Berlin ansässigen transatlantischen Institutionen und bewarb mich um ein Praktikum in der American Academy in Berlin, einer Institution, die amerikanische Wissenschaftler, Künstler und Intellektuelle als Stipendiaten nach Berlin bringt. Dann ging alles seinen erstaunlich klassischen und geradlinigen Gang: drei Monate schlecht bezahltes Praktikum, währenddessen ich die Bereitschaft signalisierte, auch weiterhin für die Academy tätig sein zu wollen. Daraufhin wurde mir ein größeres Projekt anvertraut, das ich als freier Mitarbeiter betreute, und schließlich kam nach einigen Monaten das Angebot einer festen Stelle, die durch den Wechsel einer Mitarbeiterin frei geworden war. Heute betreue ich als Koordinator das Veranstaltungsprogramm der American Academy: Vorträge der Stipendiaten, Konferenzen, Gastvorträge, Buchvorstellungen, Ausstellungen – nah dran am akademischen Leben, aber weit entfernt vom tristen Unialltag.

Und die Zentrale Intelligenz Agentur? Die existiert natürlich noch immer, hat sich inzwischen die ordentliche Gesellschaftsform einer GbR gegeben und kommt von Monat zu Monat ihrem erklärten Ziel der Weltherrschaft ein kleines Stückchen näher. Die Kundenliste wird länger, die Aufträge umfangreicher, der Umsatz höher. Aus der ironischen Firma ist ein funktionierendes Arbeitsmodell an der Schnittstelle von Journalismus, Wirtschaft, Wissenschaft und Kunst geworden. Dank der offenen Struktur bin ich der ZIA immer noch verbunden und so zücke ich bei Partys je nach Gesprächspartner entweder die Visitenkarte meines derzeitigen Brotgebers oder die der ZIA. Und wenn mir das geregelte Werktätigendasein eines Tages über sein sollte, werde ich bestimmt keine Ich-AG gründen, denn inzwischen weiß ich ja, dass es etwas Besseres gibt.

Geht die Kunst nach Brot?

Das schwierige Verhältnis von Kunst und Karriere

Von Michelle Adolfs und Petra Müller

»Wer den Teich aussaufen will, muss auch Kröten schlucken.« Der gemeine Künstler beackert mit viel Idealismus ein schwieriges Feld: eine selbst definierte Berufung. Es weiß ja jedermann: Die Kunst ist brotlos. Warum wählen viele den Beruf, in dem eine »normale Karriere« als zielführende Laufbahn kaum Aussichten hat und so manche Kröte zu schlucken ist? Die Arbeit mit Kunst ist unserer Meinung nach eine Auseinandersetzung mit gesellschaftlichen Stimmungen und Werten, eine Positionsbestimmung mit einer alternativen Wissensproduktion. Kunst bietet Chancen zur Reflexion und führt immer wieder auf das Menschsein hin. Sie muss der Bilder- und Informationsflut unserer Zeit Widerstand leisten und in ihr bestehen können. Gesellschaft, Wirtschaft und Wissenschaft benötigen Impulse aus Kunst und Kultur.

Arbeitslosigkeit, Hartz IV, PISA-Studie – gerade heute fällt positives Fortschrittsdenken schwer. Der Pessimismus der Gesellschaft ist zurzeit eines unserer Themen. Zum allgegenwärtigen Klagen gesellen wir Lebensweisheiten wie jene mit der Kröte. Wir hinterfragen sie, indem wir Videoclips mit absurden Szenen zu solchen Weisheiten drehen. Wir veröffentlichen die Videoclips im Internet und wer will, kann sich die Clips herunterladen und weiterverschicken. Diese Ausdrucksform ist ein Beispiel für unsere Arbeit. In prozessbezogenen Projekten suchen wir mit solchen Statements eine Auseinandersetzung und Interaktion. Mal konzipieren wir Internetprojekte, mal Medieninstallationen, aber es entstehen auch Gemälde, Fotografien, Objekte.

Von anderen Berufen unterscheidet sich das künstlerische Schaffen vor allem dadurch, dass das Einkommen nicht im Vordergrund steht.

Der Dekan einer Kunstakademie könnte die auserwählten Studienanfänger mit schnöder Statistik begrüßen: Nur 3 Prozent von Ihnen werden später von der Kunst leben können! Abschrecken lassen sich dadurch nur die wenigsten. Sie nutzen das Studium als Lebensbildung. Und bleiben auch dann noch Künstler, wenn sie ihr Einkommen durch Nebenjobs aufstocken müssen. Der durchschnittliche Jahresverdienst aller bildenden Künstler, die bei der Künstlersozialkasse versichert sind, liegt bei lediglich 10 509 Euro.

Brot-und-Butter-Aufträge

Für Projektkünstler, wie wir es sind, erscheint das Wirtschaften auf den ersten Blick sogar als besonders schwierig. Unsere Arbeiten sind komplex und langwierig und am Ende des Prozesses steht da in der Regel kein einzelner Kunst-Gegenstand, der sich am Markt verkaufen lässt. Und doch leben wir von unserer Kunst. Im Idealfall können wir unsere in Eigenregie entwickelten Projekte durch Förderungen und Sponsoring finanzieren. Es gibt zahlreiche Wettbewerbe und Stipendien für Künstler, man muss allerdings in die Schublade passen. Immer wieder aufs Neue beginnt das kreative Jonglieren mit den Kosten. Oft müssen die Budgets ein bis zwei Jahre im Voraus eingeworben werden. Zusätzlich bieten wir unsere künstlerische Arbeit als Dienstleistung an, im Auftrag von Unternehmen, Stiftungen oder Universitäten konzipieren wir z.B. Internetprojekte, Installationen und Event-Aktionen. Bei jeder Art von Auftragskunst besteht allerdings die Gefahr, dass die Kundenwünsche und unser künstlerischer Ansatz nicht zusammenpassen. Hier zeigt sich dann das schwierige Verhältnis zwischen Kunst und Karriere.

Dass die künstlerische Arbeit in unserem Leben immer eine Rolle spielen wird, wussten wir spätestens nach der Ausstellung unserer Examensarbeit, einer interaktiven Medieninstallation. Wir beschlossen, als bildende Künstlerinnen im Team zu arbeiten, weil die Zusammenführung zweier Sichtweisen in einem Werk viele wichtige Fragen aufwirft. Voraussetzung war allerdings, dass wir ähnliche Werte verfolgen und denselben ernsthaften Anspruch. Beide haben wir Kunst im Zusatzfach studiert und ein Diplom in Erziehungswissenschaften. Das geisteswissenschaftliche Studium hilft uns heute beim Blick über den Tellerrand auf gesellschaftliche Entwicklungen.

Künstlerische Arbeit verträgt keine Kompromisse. Aber ohne Kompromisse lässt es sich am Anfang schlecht leben. Wie sollten wir unser Atelier finanzieren? Die Lösung damals war eine klare Abgrenzung zwischen Auftragsarbeiten und Eigenprojekten. Nach unserem Examen haben wir zum Beispiel Deko-Bilder für Möbelmessen gemalt – nach einem Stundensatz wie ordentliche Handwerker. Mohnblumen, gefällig-abstrakte Arrangements, Landschaftsassoziationen – wir malten alles, was im Stil gut zu den Möbeln passte. Das funktionierte zwei Jahre gut, immerhin konnten wir so Materialien und Techniken ausprobieren. Doch als in der Innenausstattung eine goldfarbene Phase anbrach, zudem plötzlich Textilien im Leopardenmuster en vogue waren und billigere Pinseler die Preise kaputtmachten, da hatten wir die Nase voll von diesen Brot-und-Butter-Aufträgen.

Unternehmen in eigener Sache

Das Messegeschäft zweimal im Jahr ließ uns genügend Raum für unsere eigenen Projekte. Die fragwürdige Malerei-Erfahrung dabei war etwa der Auslöser für den KUNSTENTSCHEID FÜR JEDERMANN. Damals, Ende der 90er Jahre, entdeckten Galeristen und Künstler das Internet – und damit die Möglichkeit, Gemälde auf einem weltweiten Markt anzubieten. Webportale mit Miniabbildungen von Kunstwerken entstanden, die der Käufer per Mausklick in den virtuellen Warenkorb beordern konnte. Diese Entwicklung führte uns zu der Frage nach dem Bildwert in dieser Umgebung. Kann so über die Qualität eines Gemäldes entschieden werden? Wir entsorgten Restfarbe auf Leinwand und zeigten das so entstandene Bild im Internet – unter Angabe, wie viel Gramm Farbe das Gemälde enthält. Die Besucher der Seite mussten entscheiden, ob es sich um Kunst handelt oder nicht. Fiel der Entscheid für das Bild negativ aus, verpassten wir ihm noch ein paar Gramm Restfarbe und stellten die Frage erneut. So bestimmten die Betrachter, wann ein Bild vollendet war. Der Erste, der es zur Kunst erklärte, durfte dem Werk auch einen Namen geben und seinen Wert festlegen.

Auch bei dem Folgeprojekt, der Aktion SCHONKLICK, haben wir uns mit medialen Bildwelten und der Kommerzialisierung der Kunst im Internet beschäftigt. Zur Rettung der Malerei in der Medienwelt entwickelten wir einen Online-Shop mit Gemälde-Prototypen als »Hardware-Bildschirmschoner«. Der Shop-Katalog offerierte reale Gemälde auf Leinwand, die über den Monitor geschoben werden können. Solche dinglichen Gemälde konterkarieren die Bilderwartung im Internet und machen als Bildschirmschoner die Nutzung des Mediums unmöglich. Was soll man mit einem zugehängten Monitor? Ganz klar kein monetärer Verkaufsschlager.

Bei dem Netzkunstprojekt DINGWELT haben wir uns mit der Konsumkultur in der ebay-Ära auseinander gesetzt. Wir gestalteten im Internet eine Plattform mit einer Tauschbörse: Tausche Ding mit einer Geschichte gegen Kunstdruck mit Ding! Der Bildkatalog der Dingwelt-Tauschbörse bot zwölf Dinge mit Geschichte als Kunstdrucke an – digitale Fotoarbeiten mit Plüschhase Mümmy (*ungewaschen), Tischgarnitur (*antik) oder Topflappen (*selbst gehäkelt). Jeder Tauschbörsen-Besucher konnte ein Bild auswählen und als Gegenleistung ein eigenes gebrauchtes Ding einsenden. Was, war egal, es musste nur eine kurze Geschichte zum Ding geschrieben werden. So entstand eine kleine, feine Sammlung mit persönlichen Dingen und deren Geschichten als ein symbolischer Erinnerungsort online. Und die Kunstdrucke sind in der Welt verstreut – Paderborn, New York, Schanghai.

Parallel dazu haben sich bei uns meist Aufträge ergeben: Durch Kontakte, weil man empfohlen wird, im kleinen Rahmen bekannter wird. Wir haben uns schon mit den unterschiedlichsten Themen beschäftigt. Zum Beispiel mit Kulturmanagement. 1999 fand in Weimar, der damaligen Kulturhauptstadt Europas, eine internationale Konferenz zur Servicequalität in Kulturbetrieben statt und wir erhielten den Auftrag, eine Denkanregung für die Diskussion zu kreieren. Wir entschieden, den Service im Museum zu fotografieren, so wie er uns über den Weg läuft. Eine Kunstfigur schlenderte als symbolischer Besucher durch Ausstellungen. Wir nahmen das Sicherheitspersonal auf; die Aufkleber an Medieneinheiten mit der Aufschrift »Leider defekt!«; aber auch originelle Museumsshops und anschauliche Präsentationen. Aus der inszenierten Fotoaktion entstand eine Ton-Dia-Show. In den Jahren darauf folgten ähnliche Aufträge, bei denen es um Bilder als Anregung für Arbeitsprozesse oder Ideen für eine Neuorientierung ging. Wir haben Workshops mit visuellen Materialien begleitet, Präsentationen entwickelt und als künstlerische Ideengeber an Strategieberatungen von Unternehmen teilgenommen.

Kein Patentrezept

Im Laufe der Zeit bekamen wir Auftragsanfragen, die immer mehr mit unserer Sichtweise im Einklang sind. Wichtig ist, dass die Vorstellung und Herangehensweise geteilt werden und das obligatorische Visuelle überzeugt. Der Spagat zwischen der Kunst einerseits und der Dienstleistung andererseits bleibt. Wir haben uns dafür entschieden, unsere Energie in die Kunst zu setzen. Professionell »ausbauen« wollen wir die Dienstleistung nicht, bei der nicht unser künstlerischer Ansatz gefragt ist.

Kunst ist subjektiv, eine Form des persönlichen Ausdrucks. Das macht es so schwierig, Kompromisse einzugehen, den Wünschen von Auftraggebern gerecht zu werden. Verhandlungen sind daher delikate Angelegenheiten, die Sensibilität erfordern. Man braucht die künstlerische Freiheit, zumal der Kunde von Künstlern immer etwas Besonderes, Einzigartiges, Kreatives erwartet. Gleichzeitig darf man ihn nicht aus dem Arbeitsprozess ausschließen. Ein Balanceakt, bei dem mal die Freiheit, mal die Abhängigkeit überwiegt. Eine ordentliche Portion Pragmatismus und Geschäftsdenken sind nötig, um als Künstler zu leben. Kostenbewusstsein, Selbstorganisation, eine Affinität zur Büroarbeit und zum Schreiben von Anträgen sind enorm hilfreich für Unternehmen in eigener Sache.

Wer sich selbst beschränkt, Ideen und Sichtweisen zu realisieren, oder die bildnerisch-gestalterischen Mittel auf ein Minimum reduziert, dem bleibt als Konsequenz letztlich nur der Ausstieg aus dem Kunstschaffen. Immer wieder springen Künstler ab, weil sie mit diesem Balanceakt nicht zurechtkommen. Aber es ist leider so: Erst wer sich als Künstler bekennt und ordentlich in Vorleistung geht, kann mit den Reaktionen auf die eigene Kunst streiten und seine Absichten verdichten. Kunst ist brotlos, und Kunst wirft Brot ab – ohne Patentrezept.

Drei Sackgassen und zwei Gastspiele

Wie eine Ingenieurin ihren Traumjob fand

Von Stefanie Höller

»Schon als Kind wollte ich …« – mit diesem Satz beginnen gewöhnlich die Lebensberichte erfolgreicher Menschen. Was aber ist eigentlich mit den Menschen, die als Kind noch nicht wussten, dass sie einmal Schriftsteller, Tennisspieler oder Filmstar werden wollen? Wie geraten jene an ihren Job, die sich in ihrer Jugend mal für das und am nächsten Tag schon wieder für etwas anderes interessierten? Die ein Studium in jenem Fach beginnen, das irgendetwas mit dem Lieblingsfach in der Schule zu tun hat? Wie entdecken normale Menschen ihren Traumjob? Das sind Fragen, die ich mir während meines Studiums mehrfach gestellt habe. Heute würde ich mir folgende Antworten geben: Den einen Traumjob gibt es gar nicht. Man macht sich manchmal falsche Vorstellungen von Studienfächern oder Berufen. Und auch von seinen Qualifikationen. Vermeintliche Sackgassen können ungeahnte Wege eröffnen. Man muss einfach etwas ausprobieren. Reinriechen in die Praxis. Und offen für Neues sein. Als ich mich in der neunten Klasse der Realschule entschied, technische Zeichnerin zu werden, ahnte ich nicht, dass ich mich als Diplomingenieurin mal mit Arbeitsunfällen, Katastrophen- und Werkschutz beschäftigen würde.

In der Realschule lagen mir die technisch-naturwissenschaftlichen Fächer einfach besser, daher wählte ich einen Ausbildungsberuf, der dazu passte. In der Ausbildung war ich meist nur das ausführende Organ. Trotzdem mischte ich mich manchmal ein, wenn es um Planungen ging. In einer Fachabteilung bekam ich beispielsweise ein Gespräch zwischen Ingenieuren mit, die nach einem Platz sparenden Weg von der Vorder- zur Rückseite einer Maschinenanlage suchten. Ich schlug vor, eine Brücke über die Maschine zu bauen. Dies wurde als unsinnig belächelt. Ein halbes Jahr später fand ich meine Idee in einer Zeichnung wieder. Nach und nach summierten sich derartige Erlebnisse und in mir wuchs der Wunsch, nicht nur zu zeichnen, sondern auch zu gestalten. Nach dem erfolgreichen Abschluss der Ausbildung wurde aus betrieblichen Gründen leider keiner der zehn Auszubildenden übernommen. Das Unternehmen wechselte zwischen Kurzarbeit und Entlassungen. Schwerwiegender war jedoch ein anderes Problem, eines, das meine gesamte Ausbildung in Frage stellte. Durch die zunehmende Nutzung von CAD-Systemen schienen technische Zeichner als Unterstützung für Ingenieure überflüssig zu werden. Ich befand mich auf den ersten Blick in einer Sackgasse. Daher erwarb ich, über den zweiten Bildungsweg, den Zugang zur Hochschule und studierte Maschinenbau.

Meine Devise: Durchhalten

Die Euphorie des Beginns verschwand relativ schnell. Während des Grundstudiums gab es viele Fächer, die mich überhaupt nicht interessierten und später auch keine Rolle mehr spielten. Andere waren derart theoretisch, dass ich zu zweifeln begann, ob die Wahl des Studiums wirklich richtig war. Meine geliebte Mathematik war hier beispielsweise ein Fach ohne jeglichen praktischen Bezug. Es interessierte mich nicht mehr. Meinen Kommilitonen ging es ähnlich und so stellte sich die Aussage des Dekans bei seiner Rede am ersten Studientag als wahr heraus: »Von Ihnen wird nur jeder Zweite sein Maschinenbaustudium beenden!« Aber auch die Studenten der höheren Semester sollten Recht behalten. Sie versprachen denen, die am Ball blieben: »Im Hauptstudium wird es besser!« So brachte ich die ersten Semester hinter mich und legte einen meiner Schwerpunkte im Hauptstudium auf die Arbeitswissenschaft. Sie setzt den Menschen in den Mittelpunkt und versucht davon ausgehend die Arbeitsmittel, die Arbeitsplätze, die Arbeitsumgebung und schließlich auch Produkte zu beeinflussen. Die Kombination aus den Fächern Führungsverhalten, Arbeitsplatzgestaltung und Arbeitssicherheit gefiel mir. Sie verknüpfte mein erworbenes Technikwissen mit meinem Faible fürs Soziale.

Bereits vor dem Studium hatte ich mich ehrenamtlich in der kirchlichen Kinder- und Jugendarbeit engagiert: In meiner Pfarreigemeinde leitete ich eine Kindergruppe sowie einen offenen Jugendtreff. Ich war Betreuerin in Ferienfreizeiten; als Bezirksleiterin organisierte ich später Aktionstage, übernahm Bildungsveranstaltungen und kümmerte mich um die Finanzierung. Auf Bistumsebene war ich zudem zuständig für ein deutsch-namibisches Partnerschaftsprogramm. In der Jugendarbeit liegen Erfolge und Fehlschläge eng beieinander. Nicht nur zur eigenen Motivation ist eine langfristige Denkweise wichtig. Von Niederlagen und Enttäuschung darf sich ein Gruppenleiter nicht abschrecken lassen. Man muss durchhalten und daraus lernen. Die Methoden zur Ideenfindung und Konfliktlösung helfen auch im Arbeitsleben.

Auf Entdeckungsreise in der Praxis

Nach dem vermissten Praxisbezug im Grundstudium und der erkannten Verbindung zwischen Ehrenamt und Arbeitswissenschaften im Hauptstudium suchte ich nach einer Studienarbeit außerhalb der Universität. Über die Berufsgenossenschaft erhielt ich einige Kontakte, unter anderem zu meinem heutigen Arbeitgeber, der Siemens (damals Mannesmann) VDO Automotive AG. Dort benötigte die Abteilung Arbeits- und Umweltschutz jemanden, der die Gefährdungen an den Arbeitsplätzen beurteilte. Hintergrund war ein neues Gesetz zum Arbeitsschutz. Als Hilfe für die Standorte entwickelte der Mutterkonzern eine neue Methode: Anstatt Führungskräfte und beratende Sicherheitsexperten mit Fragebögen und Checkliste durch die Fertigung zu schicken, sollen die Mitarbeiter vor Ort in Kleingruppen Probleme aufzeigen und Maßnahmen entwickeln. Denn die kennen ihre Arbeitsplätze, sind die eigentlichen Experten. Als Außenstehender lassen sich beispielsweise Stoßstellen und schlecht angeordnete Bedienungselemente oft nur nach zeitaufwändigen Beobachtungen und Befragungen erkennen.

Bereits im ersten Vorgespräch wurde mir klar, dass das Grundprinzip der Workshops gut zu meiner ehrenamtlichen Arbeit passte. Ich hatte bei der Mannesmann VDO am Standort Bebr/Mühlhausen die Aufgabe, die Workshops zur Arbeitssicherheit zu begleiten. Ich war das Bindeglied zwischen den beteiligten Führungskräften, dem Betriebsrat, dem Betriebsarzt, der Sicherheitsfachkraft und den Mitarbeitern. Ich musste sowohl die Mitarbeiter als auch die Führungskräfte für das Projekt gewinnen. Die Skepsis war groß und Einwände gab es viele: »Wer trägt die Lohnkosten und den Ausfall der Mitarbeiter?«, »Die Arbeitsplätze sind sicher!«, »Wir sprechen bereits mit den Mitarbeitern über Probleme am Arbeitsplatz. Unterstützung ist nicht nötig« … Nach den ersten Workshops waren jedoch alle Zweifel verflogen. Die Mitarbeiter hatten so viele neue Sicherheitsmaßnahmen vorgeschlagen – von besser erreichbaren Notausschaltern über höhenverstellbare Vorrichtungen bis hin zur Optimierung der Lagerung, dass auch die Führungsebene vom Sinn des Projekts überzeugt war. Das Unternehmen setzte nahezu alle vorgeschlagenen Maßnahmen um. Die Mitarbeiter fühlten sich ernst genommen und ich konnte eine erfolgreiche Studienarbeit vorlegen. Vor allem aber hatte ich durch mein Gastspiel in einem Unternehmen etwas gefunden, wonach ich lange gesucht hatte: meinen Wunschberuf. Ich wusste jetzt, dass ich im Bereich der Arbeitssicherheit arbeiten wollte.

5 Stunden Stellensuche

Zurück an der Universität, fiel mir in der Bibliothek ein Plakat zur Ausschreibung des zweiten Deutschen Studienpreises der Körber-Stiftung auf. Dort stand in großen Lettern »Risiko! Der Umgang mit Sicherheit, Chance und Wagnis«. Das Thema passte genau zu meiner Praxisstudienarbeit. Ich reichte meinen Bericht zum Umgang mit der Sicherheit zur Verringerung des (Rest-)Risikos an den Arbeitsplätzen ein. Heraus kam ein vierter Platz unter 357 Beiträgen.

Nach den guten Erfahrungen mit der Praxisstudienarbeit entschied ich, auch meine Diplomarbeit in der Industrie zu schreiben. Das Thema war abermals untypisch für Maschinenbau: »Die Förderung des Qualitäts-bewusstseins im Rahmen von Projekten«. Die betreute Firma kam aus der Automobilbranche. Mein Ziel war es, Verfahren für einen verbesserten Informationsfluss innerhalb der Projekte zu finden. Untypisch war dieses Thema, weil es nicht um die Qualität eines Produktes ging, sondern um die des Arbeitsprozesses. Zudem wollte ich menschliches Verhalten und psychologische Komponenten berücksichtigen. Durch mein zweites Gastspiel in einem Unternehmen im Zuge meiner Diplomarbeit entdeckte ich erneut ein interessantes Berufsfeld: Qualitätsmanagement.

Wegen eines Einstellungsstopps konnte ich dort, wo ich meine Diplom-arbeit geschrieben hatte, nicht bleiben. Als das Studium vorbei war, musste ich mich daher zunächst arbeitslos melden. Ich antwortete auf Stellenangebote, schrieb Initiativbewerbungen, besuchte Firmenkontakt-messen und setzte meinen Lebenslauf in Internet-Stellenbörsen. Plötzlich überschlugen sich die Ereignisse: Kaum fünf Stunden nach meinem zu-letzt veröffentlichten Stellengesuch im Internet bekam ich eine Antwort. Einen Monat später war ich im Qualitätsmanagement eines Unternehmens der Stahlindustrie tätig, ein Jahr darauf in der Arbeitssicherheit. Sicher war es von Vorteil, dass ich im besagten Stellengesuch mit meiner praxisorientierten Studien- bzw. Diplomarbeit werben konnte.

Nach einiger Zeit erkundigte ich mich bei der Siemens VDO Automotive AG, was eigentlich aus meinem Projekt aus der Praxisstudienarbeit geworden ist. Mein damaliger Betreuer erzählte mir, dass er in Altersteil-zeit gehe und seine Stelle in Kürze frei werden würde. Nach kaum einem Jahr wechselte ich erneut den Arbeitgeber und landete dort, wo ich als Studentin mein erstes Gastspiel gegeben hatte. Zu meinem eigentlichen Traumjob der Sicherheitsfachkraft sind inzwischen weitere Aufgabenge-biete hinzugekommen: Umwelt-, Brand-, Laser- und der betriebliche Ka-tastrophenschutz. Ich wurde Werksschutzleiterin und damit Führungs-kraft. Im Oktober 2004 initiierte die Siemens AG in Zusammenarbeit mit dem hessischen Sozialministerium das Projekt »Chancengleichheit«. Mit 13 anderen Frauen nehme ich an diesem Pilotprogramm zur Perso-nalentwicklung und zur Förderung von weiblichen Führungskräften teil. Ich bin gespannt, wohin mich dieser Weg führt.

(Traum-)Beruf Wissenschaft?

Junge Wissenschaftler zwischen Wunsch und Wirklichkeit

Humboldt revisited

Die Fallstricke auf dem Weg zur Hochschulkarriere

Von Frank Berzbach

»Ich war die ganze Zeit über unsicher. Unsicher, ob ich genügend Durchhaltevermögen für eine Karriere als Wissenschaftler haben würde«, sagt Randolf Menzel. Er sitzt, zusammen mit anderen, auf dem Podium eines Diskussionsabends zum Thema »(Traum-)Beruf Wissenschaft?«, der im Sommer 2004 von der Körber-Stiftung und der Jungen Akademie Berlin veranstaltet wurde. Im Publikum sitzen etwa 130 Nachwuchsforscher: Gewinner des Deutschen Studienpreises, Juniorprofessoren, Doktoranden, Stipendiaten und Mitglieder der Jungen Akademie. Manche sind erstaunt: Selbst ein Randolf Menzel, Professor für Neurobiologie an der FU Berlin, Jahrgang 1940, der in seinem Forscherleben 75 Doktoranden zur Promotion geführt hat, wusste als Student keineswegs, was und wohin er wollte. »Lesen, Schreiben, Studieren, das hat mir immer Spaß gemacht«, berichtet Jürgen Trabant, der neben Menzel sitzt. Trabant, Jahrgang 1942, ist Professor für Romanische Philologie. Natürlich sei nicht alles rosig gewesen damals, erzählt er. »Aber wenn es zu arg wurde, dann hat man halt die Universität gewechselt«. Ganz reibungslos, das wird allen Anwesenden klar, war das Leben an den Hochschulen damals also auch schon nicht. Dann aber fällt er, der Satz, der den Unterschied zwischen der Studiensituation früher und heute auf den Punkt bringt. »Einen Job«, sagt Trabant, »gab es hinterher immer.«

Zwar ist auch heute die Arbeitslosigkeit der Akademiker im Vergleich zu der von Nichtakademikern gering, wie der Beitrag von Jutta Allmendinger in diesem Buch belegt. Wer studiert, kommt hinterher in der Regel irgendwo unter. Trotzdem sind heute die Ängste und Unsicherheiten von Studenten und Doktoranden ungleich größer als noch vor 30 oder

40 Jahren. »Materielle Unsicherheit spielte bei uns keine Rolle«, sagt Jochen Kade, Professor von der Universität Frankfurt, der in den 1960er und frühen 70er Jahren studiert hat. Freiheit und Emanzipation seien die bestimmenden Motive gewesen. Es habe damals ein reiches Angebot an Möglichkeiten gegeben, durch Jobben Geld zu verdienen, und es hätten sich immer wieder neue Tätigkeitsfelder eröffnet. »Auch die Förderungsbedingungen waren andere, ich habe zum Beispiel für ein Zweitstudium noch BaföG bekommen«, so Kade. Heute hingegen bestimmt die Aussicht auf unbezahlte Praktika, Kurzverträge, Niedriglohnjobs oder Ich-AGs das Lebensgefühl der Studenten und die entscheidende Frage, ob man inhaltlich an der Wissenschaft interessiert ist oder nicht, rückt in den Hintergrund. Nicht ohne Grund, denn so genannte Kaminkarrieren, der berufliche Aufstieg als Selbstläufer sozusagen, sind Schnee von gestern, wie Katja Lachnit in diesem Buch darlegt. Und rein finanziell, so Christiane Mück und Karen Mühlenbein auch in diesem Band, lohnt sich die Investition in die lange einkommenslose Studienzeit immer weniger: Während 1992 ein Akademiker gut 70 Prozent mehr als ein Abiturient mit Berufsausbildung verdiente, lag der Gehaltsunterschied im Jahr 2001 bei 55 Prozent.

Schlechte Betreuung

In welcher Hinsicht lohnt sich ein Studium dann? Sollte man des Lernens wegen studieren? Oder vielleicht sogar, weil die Wissenschaft ein attraktives Berufsfeld bietet? Um die Antwort vorwegzunehmen: Natürlich hat akademische Bildung noch seinen Reiz. Wer sich intellektuell betätigen will, wird auf das Studium und möglicherweise sogar auf die anschließende Promotion nicht verzichten. Die miserablen Bedingungen an den Universitäten aber tragen dazu bei, dass viele Studenten ihre anfängliche Begeisterung für die Wissenschaft verlieren. Und wer trotz aller Widrigkeiten eine Hochschulkarriere anstrebt, braucht vor allem eines: die Bereitschaft zur Selbstausbeutung. Einer der wichtigsten Gründe für die Missstände an den Universitäten ist die unzureichende Betreuung durch die Professoren. Die Hochschulen in Deutschland haben sich in den vergangenen Jahrzehnten zu Massenorganisationen entwickelt. 1975 betrug die Zahl der Studierenden knapp 700 000, im Jahr 2003 schon mehr als zwei Millionen. Leider wurde die Zahl der Lehrenden dieser Entwicklung nicht angeglichen. An der Universität Tübingen etwa unterrichteten 2001 gerade mal vier Professoren mehr als im Jahr 1975. Ein Professor betreut heute im bundesweiten Durchschnitt 53 Studierende, fast doppelt so viele wie in den 70er Jahren. Die Folgen sind spürbar. Persönliche Kontakte zwischen Professoren und Studenten sind eher ungewöhnlich. Nicht selten müssen Studenten viel Zeit, gute Nerven und Überzeugungskraft aufbringen, um überhaupt einen Prüfer für den Abschluss ihres Studiums zu finden. Die Lehrangebote werden ebenso wenig wie die Universitätsgebäude dem Massenansturm der Studenten gerecht. Die Räume sind häufig völlig überfüllt, Einstiegsklausuren und die Pflicht zur frühzeitigen schriftlichen Anmeldung werden genutzt, um die Anzahl der Seminarteilnehmer zu begrenzen. Manchmal werden die wenigen Plätze sogar verlost.

Fallstricke gibt es in dem unüberschaubaren Gebilde Universität zuhauf. Da ändern sich plötzlich Prüfungsordnungen und Studenten bekommen aus unerfindlichen Gründen die an anderen Hochschulen erworbenen Leistungsnachweise nicht anerkannt. Die Universität erscheint immer mehr wie das Schloss von Kafka: ohne Souverän. Die biografischen Folgen dieser Situation dürfen dann die Jungforscher tragen – sie werden nämlich immer älter. Und Bildungstitel verlieren leider mit zunehmendem Alter der Absolventen an Wert. Die individuellen Gründe für ein längeres Studium, nicht selten absurd klingende Einzelfallgeschichten, sind außerhalb der Universitätswelt kaum zu vermitteln. Insgesamt herrscht eine Kultur der Unverbindlichkeit, die dazu beiträgt, dass der psychosoziale Dienst eine der erfolgreichsten Dienstleistungen der Universität sein dürfte. »700 bis 800 Studierende kommen jährlich zu uns«, sagt Hans-Werner Rückert, Leiter der Psychologischen Beratung der Freien Universität Berlin. Der eigentliche Bedarf, schätzt er, sei sogar doppelt so hoch. »Viele Studenten leiden unter Lern- und Leistungsstörungen, haben Orientierungs- und Motivationsprobleme sowie Prüfungsängste.«

Kellner verdienen mehr

Demotivierend ist das Klima an den Universitäten besonders für jene Studenten, die an der Forschung interessiert sind. Sie sind eindeutig in der Unterzahl. Die meisten Studenten haben es auf den schnellen Abschluss abgesehen, weil sie den für ihren Wunschberuf brauchen. Und da Vertreter aus Politik und Wirtschaft von den Universitäten mehr Praxisnähe verlangen, richten sich immer mehr Professoren gezwungenermaßen danach.

Ein Großteil der Studierenden ist wissenschaftlich eher uninteressiert, das Studium wird als relativ ungeeignete Berufsausbildung genutzt. Der Anspruch auf eine berufsfeldbezogene, »praxisorientierte« Ausbildung hat sich zwar über die Mehrheiten durchgesetzt, wird aber dadurch nicht generell berechtigter. Das Universitätsstudium war traditionell auf die Praxis der Forschung bezogen, deshalb werden in der Lehre Wissenschaftler und nicht Berufspraktiker eingesetzt. Heute erscheint vielen genau das als Nachteil: Viele Professoren kennen die Berufsfelder nur als Forschungsgegenstand und selten aus eigener Berufserfahrung.

Für die Minderheit, für die es tatsächlich um den Traumberuf Wissenschaft geht, sind die Bedingungen an der Universität denkbar schlecht. Durch den ungleichgewichtigen Mix aus Ansprüchen nach »Berufsorientierung« und dem traditionellen Kerngeschäft der Universität, der Forschung, ist eine paradoxe Atmosphäre entstanden: Sowohl die Theoriebildung im »Elfenbeinturm« ist verpönt, weil sie an den Interessen der Mehrheit vorbeigeht; zugleich aber wird auch die konsequente Praxisorientierung vermieden, weil es dafür schließlich die Fachhochschulen und das duale Ausbildungssystem gibt. Egal also, mit welchen Erwartungen man an einer Universität studiert, promoviert oder arbeitet – sie werden enttäuscht.

Nur in eingeschworenen Kreisen, hochselektiven Kolloquien und informellen Netzwerken geht es noch um erkenntnisorientiertes, forschendes Lernen. Aber selbst da bestimmt häufig die Industrie, wonach geforscht wird. Schließlich bezahlt sie in vielen Fällen dafür. Ob man die expandierende Gattung solcher »Drittmittel-Forschung« überhaupt als Wissenschaft bezeichnen kann, daran gibt es Zweifel. Geld bekommt man oft nur, »wenn man nachweisen kann, dass man mit der Industrie kollaboriert; das bedeutet, dass die Industrie einem reinreden kann – dann ist die Forschung nicht mehr frei«, so die deutsche Nobelpreisträgerin für Medizin, Christiane Nüsslein-Volhard.

Dass es manchmal noch Inseln anregender Lernatmosphäre und ansehnliche Forschungserfolge gibt, ist dem an Selbstausbeutung grenzenden Engagement von einigen Professoren geschuldet. Die Regel ist das aber nicht, wie eine Umfrage des Promovierenden-Netzwerks THESIS aus dem Jahr 2004 belegt. Jeder fünfte Nachwuchswissenschaftler beklagt, dass sich sein Doktorvater mit dem Promotionsthema zu wenig auskennt. Fast jeder dritte kritisiert, dass sein Professor ihn nicht motivieren kann. Jeder vierte schimpft darüber, dass sein Betreuer schlecht vorbereitet zu gemeinsamen Treffen kommt. Und jeder siebte Doktorand muss gänzlich ohne Betreuung auskommen. Persönlicher Kontakt besteht laut THESIS-Umfrage meist nur darin, dem Professor zuzuarbeiten. Gleichzeitig wird den Jungwissenschaftlern zeitlich einiges abverlangt. »Zehn bis zwölf Stunden auch an Wochenenden und Feiertagen sind fast schon zur Regel geworden«, zitiert THESIS einen Doktoranden. Das werde nicht nur stillschweigend erwartet, sondern offen ausgesprochen. Auch in finanzieller Hinsicht leben die Nachwuchsforscher bescheiden: Rechnet man das monatliche Einkommen der Doktoranden, die meist nach BAT II vergütet werden, auf einen Stundenlohn runter, ergibt sich eine Summe von rund 5 Euro. Kellner und Fahrradkuriere verdienen mehr.

Ängste, Abhängigkeiten und Fatalismus bestimmen den Alltag vieler Jungforscher. Man ahnt, dass man nach wenigen Jahren entlassen wird – ganz unabhängig von der erbrachten Leistung. Im forschungsfernen Berufsalltag, den oft feudalen Verhältnissen und schäbigen Büros hat sich eine große Ernüchterung eingestellt: Wissenschaft ist ein gewöhnliches Berufsfeld mit unschönen, altersinadäquaten Abhängigkeiten geworden; Wissenschaft ist heute weder ein Traumberuf noch eine Berufung.

Die Besten steigen aus

Wäre Wissenschaftler ein gewöhnlicher Beruf, dann müsste er erlernbar sein. Man kann sich zum Bäcker oder zum Friseur ausbilden lassen, Meisterkurse besuchen und bei ausreichendem unternehmerischem Mut einen Betrieb gründen. Analog dazu müsste man studieren, promovieren, habilitieren und Professor werden können.

Die Erfahrung und inzwischen auch einschlägige Untersuchungen weisen darauf hin, dass der Weg in die wissenschaftliche Elite nicht ganz so linear verläuft. Eine Karriere in der Wissenschaft ist zwar (noch) weniger sozial selektiv als in Wirtschaft und Politik, allerdings macht sich die soziale Öffnung der Studienabschlüsse keineswegs in ähnlichem Maße bei den Promotionen bemerkbar. Auf die zunehmende Zahl von akademischen Abschlüssen haben die Oberschichten mit verstärkter Promotionsneigung geantwortet. Dass Arbeiter- und Mittelschichtenkinder bis in die 90er Jahre eine gute Chance hatten, auf eine Professur berufen zu werden, deutet Michael Hartmann allerdings eher mit dem Desinteresse der Oberschichtenkinder an der durch die Bildungsexpansion entwerteten Wissenschaft. Sobald nämlich die Aussichten auf gute Posten in Wirtschaft und Politik enger werden, erhöht sich der Anteil der Kinder aus »besseren Verhältnissen« unter den Professoren schlagartig, wie er in seiner Studie zum »Mythos von den Leistungseliten« (Frankfurt a. M. 2002) zeigt. Hinzu kommen habituelle Vorteile der Oberschicht – souveränes Auftreten, hohes Selbstbewusstsein, häufige Auslandserfahrung – und die außergewöhnliche Möglichkeit, ein Vollzeitstudium ohne (Neben-)Berufstätigkeit absolvieren zu können. Und für die Frauen in Deutschland ist der Wunsch nach Kindern immer noch eine große Gefahr im Hinblick auf eine mögliche (wissenschaftliche) Karriere. Inner- und außeruniversitär finden sich für die professionelle Kinderbetreuung kaum akzeptable Möglichkeiten.

In der Wissenschaft gelten also offensichtlich andere Spielregeln. Nicht die Besten kommen an die Spitze. Die, so zeigen Statistiken, steigen aus und machen Karrieren außerhalb der Hochschule. Vielmehr kommt es darauf an, Wissenschaft als Lebensform zu betreiben, wie aus einer Studie von Sandra Beaufaÿs hervorgeht. Beaufaÿs, wissenschaftliche Referentin am Institut für Sozialforschung in Frankfurt am Main, hat sowohl Professoren und Professorinnen als auch wissenschaftliche Mitarbeiter und Mitarbeiterinnen der Biochemie sowie der Geschichtswissenschaft interviewt und im Alltag beobachtet. Sie ließ sie zudem Arbeitstagebücher schreiben. Ziel war es, herauszubekommen, welche Aspekte die wissenschaftliche Karriere fördern. Das Ergebnis: Die scheinbaren Nebenschauplätze sind in Wahrheit die Hauptschauplätze der Laufbahn. Ein Biologieprofessor etwa, der weder Urlaube noch Wochenenden kennt, seine Frau allerdings zu Kongressen mitreisen lässt, äußert in einem Interview: »Wenn Sie in der Wissenschaft bleiben wollen, müssen Sie sowohl Ihren beruflichen als auch Ihren privaten Spaß irgendwie in der Wissenschaft sehen. Das muss eine Einheit sein, das muss ein ganzheitliches Leben sein.«

Dass die Arbeitstagebücher, die Beaufaÿs von den angehenden Wissenschaftlern und Wissenschaftlerinnen hat führen lassen, 60-Stunden-Wochen aufweisen, passt in dieses Bild. Im Interview berichtet eine Geschichtswissenschaftlerin, dass sie kein Fernsehen besitze, Radio nur im Auto höre und die Tageszeitung aus Zeitmangel abbestellt habe. Hobbys habe sie keine mehr. Der Aufstieg in der Wissenschaft, zeigt die Studie, hängt weniger von der Qualität der Dissertation ab, sondern vielmehr von der Anerkennung und Förderung einzelner Professoren und deren Position in der »scientific community«. Denen muss man laut Beaufaÿs beweisen, dass man wirklich will – etwa indem man nachweisbar Tag und Nacht im Labor arbeitet oder am Schreibtisch sitzt. »Machen Sie diesen Sonntag schon wieder frei?«, lautet die gängige Frage eines Professors an seine aufstrebenden Schüler. Auch die vielen Nachwuchswissenschaftlern bekannte Anfrage von Professoren, ob die Projektarbeit für die Uni auch während der Beziehung von Arbeitslosengeld unbezahlt möglich ist, zeugt vom alltäglichen Wahnsinn der wissenschaftlichen Arbeitswelt. Lehraufträge an Hochschulen werden schlecht bezahlt, inzwischen werden sie aber oft gar nicht mehr bezahlt, weil es ja »eine Ehre« sei, für eine Universität arbeiten zu dürfen. Von den inhaltlichen Bindungen ist Wissenschaft für junge ForscherInnen keine Berufung mehr, von den äußeren Anforderungen hat sie aber das Leben selbst zu sein. Frauen haben in diesem System wenig Chancen, so die These von Sandra Beaufaÿs. Sind sie Mütter, fehle ihnen einfach die Zeit für eine Vollmitgliedschaft in der Wissenschaftsgemeinde. Zudem werde ihnen von vornherein nicht zugetraut, sich mit Leib und Seele der Forschung zu verschreiben. Die Folge: 92 Prozent der hoch dotierten C4-Professuren besetzen Männer, obwohl mehr als die Hälfte aller Studienanfänger Frauen sind.

»Der Herr Junior«

Vom alltäglichen Spagat eines Juniorprofessors

Von Rolf F. Nohr

Wenn es etwas gibt, das die Selbstwahrnehmung meines aktuellen akademischen Stellenwerts – Juniorprofessor der Medienwissenschaft – auf den Punkt bringt, dann sicherlich die liebevolle Adressierung unserer Institutssekretärin: »Herr Junior«. Respektvoll – aber nur ein bisschen; solidarisch – aber in deutlichen Grenzen; süffisant und ironisch im Tonfall. Der Klang dieser Anrede ist ebenso zwiespältig wie die Selbstwahrnehmung meiner beruflichen Stellung: Diese Mischung aus ›es geschafft zu haben‹ und sich gleichzeitig damit trösten zu können, doch noch nicht ganz in den Zwängen und Verantwortungen einer ›ordentlichen‹ Professur gefangen zu sein, sowie der immer mal wiederkehrende Impuls, sich weit weg zu wünschen, weil einem das Tagesgeschäft allzu ›entfremdet‹ anmutet, dies prägt meine Alltagswahrnehmung als ›Professor auf Probe‹.

Vom Prinzip her ist die 2002 eingeführte Juniorprofessur ein neuer Weg innerhalb der Qualifikation an den deutschen Hochschulen, die es jungen Wissenschaftlern nach der Promotion ohne die bisher übliche Habilitation möglich machen soll, eine unabhängige Hochschulprofessur erhalten zu können. Auf dieser Stelle forschen sie (zumeist mit eingeschränkter Lehranforderung) drei Jahre lang und werden dann zwischenüberprüft. Fällt diese Evaluation positiv aus, können sie bis zu drei weiteren Jahren auf der Stelle bleiben. Dieses neue Instrument der Hochschulrahmenentwicklung sollte mehrfach wirksam sein: einerseits die Abwanderung (den »Brain-Drain«) junger Wissenschaftler ins Ausland aufhalten, wo selbstverantwortliches Forschen und Arbeiten zumeist schneller zu erreichen ist, und zum anderen die Reform des Habilitationsverfahrens als ein streng hierarchisches, institutionalisiertes und lang dauerndes Verfahren voranbringen. Die Juniorprofessur sollte mittelfristig die Habilitation ersetzen. Eben diesen Passus aber hat das Bundesverfassungsgericht 2004 gestoppt, so dass aktuell einerseits die Habilitation parallel zur Juniorprofessur weiter geführt wird und anderseits die Ausgestaltung der Weiterqualifikation an deutschen Hochschulen einzig zur Ländersache erklärt wurde.

Die Aufbruchstimmung, die sich unter jungen Wissenschaftlern breit gemacht hatte, ist nach drei Jahren erstens der Ernüchterung gewichen, dass die Zukunft der Juniorprofessur ungewiss ist, und zweitens der schmerzlichen Einsicht, dass sich der Alltag eines Juniorprofessors als ein ständiger Spagat entpuppt zwischen institutionellen Pflichten und dem Drang, in der Forschung voranzukommen.

Irgendwas mit Medien

Begonnen hat bei mir alles mit dem Wunsch, ›irgendwas mit Medien zu machen‹; einem Wunsch, den ich bis heute auch bei meinen eigenen Studierenden vorfinde und den ich als Grundmotivation für ein Studium der Medienwissenschaft (heute) bzw. der Theater-, Film- und Fernsehwissenschaften (der damalige Titel meines Fachs) als ausreichend betrachte. Der Rest ›ergibt‹ sich in der Vertiefung der Materie – so auch bei mir. Ein Jahrespraktikum in der Mitte des Hauptstudiums schaffte es, den zwischenzeitlich fest gefassten Berufswunsch »Filmproduktion« relativ gründlich zu untergraben, so dass ich mich eher orientierungslos in die Magisterabschlussarbeit stürzte. Von einem guten akademischen Umfeld motiviert und betreut, hat mich die Arbeit an eben dieser Abschlussarbeit erkennen lassen, das auch das Akademische selbst (bis dato nur als reine Pragmatik der Ausbildung wahrgenommen) nicht ohne Reiz auf mich und ich wiederum nicht ohne Begabung für das akademische Denken war. Die Belohnung der Magisterarbeit durch den Studienpreis kann möglicherweise als letzter Auslöser dafür gesehen werden, sich der alternativen Karriere als ›Forscher und Lehrer‹ zu verschreiben.

Der weitere Verlauf meiner Uni-Karriere scheint Außenstehenden immer bilderbuchartig: Förderung der Promotion durch eine »parteinahe« Stiftung, gleichzeitig Beschäftigung an einer Privaten Werbe- und Medienakademie sowie ein (bezahlter!) Lehrauftrag am Heimatinstitut. Vor allem dieser Lehrauftrag ermöglichte mir eine echte Anbindung an das Institut und den Lehrstuhl. Ich konnte erste Erfahrungen im instituts- wie hochschulpolitischen Alltag sammeln, ohne schon in das Alltagsgeschäft eines Qualifikationsstelleninhabers hineingezogen zu werden. Nach der Disputation nach drei Jahren wechselte ich sozusagen postwendend in einen Sonderforschungsbereich an der Seite des Doktorvaters und schon nach einem weiteren Jahr in die Juniorprofessur.

Hätte man eine Hochschulkarriere geplant, man hätte sie kaum besser prozessieren können. Mir selbst kommt es aber so vor, als sei mir dieser Durchmarsch ›passiert‹; bestimmte Dinge sind mir einfach in den Schoß gefallen und es blieb und bleibt das schlechte Gewissen, Kolleginnen und Kollegen gegenüber privilegiert worden zu sein, die ›besser‹ oder zielstrebiger als ich an ihrer Position innerhalb des Wissenschaftsbetriebs arbeiten. Es ist das Gefühl einer gewissen ›Geworfenheit‹, das mich bis heute beschleicht; vorrangig dann, wenn ich die Privilegien und Standesvorteile von Professur und Verbeamtung ausnutze.

Wie aber kommt man an eine Juniorprofessur? Zum Zeitpunkt der Abfassung dieses Artikels so gut wie überhaupt nicht. Durch ein Gerichtsurteil gelähmt, durch Hausbesetzungen gefüllt, durch institutionelle und hochschulpolitische Zweifel an ihrer Sinnhaftigkeit zurückentwickelt, wird die Juniorprofessur zurzeit eher selten ausgeschrieben. Anders vor zweieinhalb Jahren: Das Hochschulreformmodell war jung und die Universitäten teilweise offen für frischen Wind. Es wurden Juniorprofessuren en gros ausgeschrieben. In meinem Fall vier Stellen in wenigen Monaten. Vier Stellenausschreibungen, auf die man sich ohne großes ›Verbiegen‹ in der eigenen Fachdisziplin bewerben konnte. Im Falle meiner jetzigen Stelle musste ich mich gegen drei Mitbewerber durchsetzen, von denen einer die notwendige Qualifikation nicht erfüllen konnte und einer sich selbst aus dem Bewerbungsrennen genommen hat, nachdem er an anderem Orte eine Juniorprofessur bekommen hatte. Hier also von hartem Wettbewerb zu sprechen, wäre vermessen – der Vorteil einer kleinen

159

und jungen Disziplin und der Vorteil, im ersten Ausschreibungsschub dabei gewesen zu sein.

Zwei jungfräuliche Partner

Dann begann das, was einerseits allen Juniorprofessoren mitgegeben wurde und wird und zum anderen die Besonderheit meines eigenen Stellenprofils ausmacht. Denn nicht nur, dass ich Deutschlands erster Stiftungsjuniorprofessur bin (d. h., meine Stelle wurde durch die Stiftung der Nord LB/Öffentlichen die ersten drei Jahre finanziert und ausgestattet), ich bin auch als einer der ersten Juniorprofessoren an ›meine‹ Kunsthochschule in Braunschweig gekommen. Bei dieser Verhochzeitung sind dann zwei sehr jungfräuliche Partner aufeinander getroffen: ein junger Wissenschaftler, der nur wenig Ahnung von den Gebräuchen, Anforderungen und Tücken des Hochschulalltags in Deutschland hatte – und eine kleine Kunsthochschule, die sich mit den Gepflogenheiten und Routinen des universitären Betriebes bisweilen ein wenig schwer tut.

So etwas hat seine positiven wie auch seine negativen Seiten. Positiv beispielsweise war, dass die HBK in Braunschweig dem allgemeinen Trend an den Hochschulen nicht folgte, die Erstausstattungsmittel der eingerichteten Juniorprofessuren (Summen im oberen fünfstelligen Bereich) ›einzukassieren‹ – vor allem bei Geisteswissenschaftlern. Die Höhe der Summe resultiert aus einer (von vielen) bundesministeriellen ›Unschärfen‹ bei der Einrichtung dieser Stellen: Zur Ausstattung ihrer Arbeitsplätze und Sicherung ihrer Qualifikationsprojekte sollten die neuen Juniors gutes Geld zur Verfügung haben; Geld, das dem Apparate- und Laborwissenschaftler sicherlich sehr viel schneller von der Hand geht als einem Philologen. Aus diesem Grunde haben auch viele Institute und Dekanate ihre Fürsorgepflicht sehr ernst genommen und das Geld ausgegeben, bevor der Junior da war.

Aber wie gesagt: nicht so mein neuer Dienstherr; zu größten Teilen unangetastet lagerte das Geld auf Konten zur freien Verfügung, aufgestockt noch durch großzügige Extraleistungen der Stiftung. Der Versuch, dieses viele Geld nun aber so einzusetzen, dass die eigene Weiterqualifikation ebenso wie das Wohl von Institut und Studierendenschaft gewahrt bleibt, entwickelte sich zu einer der ersten Hürden der Stelle. Schnell hatte ich festzustellen, dass Überregulierung in der ›Nachweispflicht sachdienlicher Verwendung‹ auch das großzügigste Portemonnaie zu einem Problem macht. Kostprobe gefällig? Aus bestimmten Gründen musste jede Kostenstelle über 400 Euro liegen. Also kauft man alles, was man braucht (Telefon, DVD-Player, Drucker etc.), in der eigentlich überflüssigen ›exklusiven‹ Ausstattungsvariante, die einem dann obendrein den Sozialneid der Kollegen einträgt.

Generell begrüßenswert war die grundsätzliche Konzeption der Juniorprofessur durch den Dienstherrn. Der betrachtete den neuen Kollegen als vollwertig und wies ihm volle Rechte und Pflichten zu. Motiviert war dies aus der Idee, einen den Kollegen gleichwertigen Juniorprofessor zu implementieren. Der Pferdefuß jedoch waren die Pflichten. Denn ohne dass hier eine große Diskussion möglich gewesen wäre, war der Juniorprofessor – der ja nunmehr eigentlich eine Qualifikationsstelle ist, auf der eine ›habilitationsgleiche‹ Leistung in der Forschung zu erbringen ist – zu einer universitären Vollstelle (mit eingeschränkter Lehrverpflichtung) geworden. Und dies in einem chronisch personell unterbesetzten, im Aufbau begriffenen und durch zwei verschiedene Hochschulen getragenen Studiengang, der überdies durch den Bologna-Prozess, das heißt durch die 1999 in der italienischen Stadt beschlossene Einführung von Bachelor- und Master-Abschlüssen im Zuge einer Vereinheitlichung der akademischen Ausbildung in Europa, zur völligen Umstrukturierung gezwungen ist. Kenner verbeamteter Universitätsstrukturen wissen, was dies bedeutet: Gremiensitzungen und Hochschulpolitik als Dauerbeschäftigung; Reformstau und Ämter- wie Verantwortungshäufung. Für gewöhnlich verbringt man viel Zeit damit, Protokolle zu lesen und zu schreiben (»Bevor wir diese Sitzung des Ausschusses XY eröffnen, muss ich Sie bitten, noch das Protokoll der letzten Sitzung zu bestätigen« – »Diese letzte Sitzung ist drei Jahre her und niemand der im Raum Anwesenden hat an ihr teilgenommen« – »Das ist in der Tat ein Verfahrensproblem«), Sitzungstermine zu koordinieren und zu delegieren (»Wer war noch mal mein Abwesenheitsvertreter?«), Studienverlaufspläne zu entwickeln und zu verwerfen (»Welche Version der novellierten Studienordnung ist jetzt eigentlich aktuell gültig?«) und finanzielle Selbstverwaltung zu betreiben (»Wieso habe ich eigentlich ein eigenes Konto für Betriebsmittel?«).

Drei Jobmodelle

Damit ist nun aber die Juniorprofessur da angekommen, wo die deutsche Hochschule schon seit längerem steht: Aus dem Zwei-Säulen-Modell »Forschung & Lehre« ist das Triumvirat von Lehre, Administration und Hochschulpolitik geworden; Forschung findet – wenn überhaupt – in der Freizeit, im Forschungsfreisemester oder im Sonderforschungsbereich statt. Für eine Qualifikationsstelle wie die meine bedeutet dies aber eine paradoxe Situation: Für eine wissenschaftliche Weiterqualifikation im Sinne des »zweiten Buches« müsste ich essenzielle Pflichten meiner Aufgabe vernachlässigen, Pflichten, die meines Erachtens für eine qualifizierte Professur unerlässlich sind. Studentenbetreuung, didaktische Routine, Entscheidungskompetenz, Personalführung, Gremienarbeit und Finanzverantwortung sind Qualifikationen eines Hochschullehrers, die sich anzueignen in einem *trainee-on-the-job*-Programm auch älteren Kollegen manchmal noch gut zu Gesicht stünde.

Beides gleichzeitig scheint sich nicht wirklich in einem einzigen Weiterqualifizierungsprogramm vereinigen zu lassen. Meiner persönlichen (höchst subjektiven) Erfahrung nach hat ein Juniorprofessor dieser Tage drei unterschiedliche Jobmodelle zur Auswahl: das Profil eines besseren Assistentenjobs, da die Idee der Juniorprofessur nicht ernst genommen wird (selten), das des Administrators oder das des Forschers. Speziell die beiden letzten Profile scheinen gewissermaßen unvereinbar: Kolleginnen und Kollegen, die auf ihren Stellen gute Forschungsvorhaben umsetzen können, zeichnen sich meist durch eine gewisse Unbedarftheit in der Tagespolitik der Institute aus, wohingegen die Strategen und beliebten Lehrenden meist Defizite in ihren Forschungsprofilen aufweisen – Letzteres ist die von mir gewählte Strategie.

Was aber im Moment alle 450 Junioren eint, ist das über ihrem Haupt schwebende Damoklesschwert der Zwischenevaluation. Ursprünglich als sinnreiches Instrument gedacht, die Weiterqualifikation nicht am Ende eben dieser Qualifikationsphase zu »überprüfen«, sondern bereits nach der Hälfte der Zeit eine Testierung anzusetzen und somit die Universität zu einer Begutachtung zu bewegen, der ein gewisses Maß an Realismus innewohnt, hat sich dieses Instrument mancherorts verselbständigt. Die Idee war gut: Eine Institution beurteilt nicht mehr abgehende Kandidaten (die man dann entweder »nach oben weglobt« oder zu guter Letzt abstraft), sondern die Mitarbeiterin oder den Mitarbeiter, den man, wenn man ihn positiv beurteilt, noch eine Weile zu ›ertragen‹ hat. Was aber ist daraus geworden? Verschiedenes – denn durch das Versäumnis, die Spielregeln dieser Evaluation konsequent festzuschreiben, ist und war es den unterschiedlichen Institutionen möglich, eigene Verfahrensordnungen zu entwickeln. Und so mäandriert die Zwischenevaluation der Juniorprofessuren aktuell irgendwo zwischen Selbstbericht auf einer DIN-A 4-Seite und einem zu erfüllenden Leistungsprofil, das die meisten der evaluierenden Professoren selbst nicht einmal erbringen könnten. In meinem Fall wurde ein Verfahrensweg gewählt, der verschiedene Gremien der Hochschule mit einem Mitspracherecht über meine Beurteilung ausstattet, wobei ein Schwerpunkt dieser Beurteilung dabei eher auf meinen administrativen denn meinen ›Forschungsqualifikationen‹ liegen wird; eine pragmatische Entscheidung, die sich an der von mir gewählten Strategie der Aufgabenbewältigung orientiert.

Aber bevor nun der Eindruck permanenten Schwarzsehens entsteht: Nicht nur, dass ich im ›Traumberuf Wissenschaftler‹ arbeite, einen sicheren Arbeitsplatz mein Eigen nennen kann und in einem vergleichsweise niedrigen »Entfremdungsgrad« zum Inhalt meines Berufs stehe – ich mache diesen Job wirklich gerne. Ich kann mich als nunmehr respektable und mit Kompetenzen versehene Person auf der Sprossenleiter der universitären ›Hackordnung‹ meinen selbst gewählten Forschungsaufgaben widmen, mir zuarbeiten lassen, Konferenzen planen und Bücher herausgeben, ein variables Arbeitszeit-Management betreiben, kurz gesagt: Privilegien genießen, wie sie mir bis dato noch nie zustanden. Erfolgserlebnisse sind dann eben doch die Momente, wo man den Sammelband, an dem man ein Jahr gearbeitet hat, in Händen hält, wenn man nach unendlichen Sitzungen und Gremien doch das Gefühl hat, strukturpolitisch etwas Gutes durchgekämpft und bewirkt zu haben, wenn man eine Unterrichtseinheit oder eine Vorlesung gehalten hat und bei einem Studenten in der ersten Reihe den Kronleuchter förmlich aufgehen sieht. Und nicht zuletzt habe ich einen Zeitvertrag unterschrieben, der eine Laufzeit hat, wie ich sie bisher in meinem ganzen Leben noch nicht kannte: sechs Jahre Sicherheit. Ich befinde mich nunmehr in einer Situation, in der ich sogar ernsthaft über eine Planung meines restlichen Karrierewegs nachdenken kann.

Man könnte aber auch sagen, dass ich mich in einem gewissen Maße mit meinem Traumberuf identifiziert habe und gerade deswegen überkritisch zwischen Wunsch und Wirklichkeit, zwischen hochschulpolitischem Konzept und akademischer Realität unterscheide. Denn dieser Traumberuf steht in der Tat in ernster Gefahr, abgewickelt und eingeschränkt zu werden: Das alte Ideal der (Humboldt'schen) Universität steht mehr und mehr zur Disposition, und damit auch das Selbstverständnis des engagierten Angehörigen einer Hochschule. Der Bologna-Prozess ist dazu angetan, die Universitäten zu hochverschulten Dienstleistungsbetrieben zu »modularisieren«, die chronisch leeren Kassen auf Länder- und Bundesebene entwickeln vorrangig die Geisteswissenschaften zu Notbehelfsbetrieben und Vorstöße wie die aktuelle (an sich gut gemeinte) Hochschulreform versanden im Kompetenzgerangel des föderalen Systems und der geistigen Kleinstaaterei.

Was also bleibt in meiner Wahrnehmung von der Juniorprofessur übrig? Ein guter Gedanke, eine grundsätzlich wünschenswerte Reform der Hochschule, die in den Mühlen des parteipolitischen und des Standesdünkels auf der Strecke geblieben ist.

Wie bewerte ich meinen Weg in die Akademie als Beruf? Immer noch positiv. Denn eins muss klar sein: Ich jammere auf höchstem Niveau.

Ungelöste Rätsel, faszinierende Menschen

Warum Forschung fesselt

Von Julia Fischer

Meint der wirklich mich? Fragte ich mich vor einigen Wochen in der altehrwürdigen Aula der Georg-August-Universität zu Göttingen. Ich sollte dort meine Antrittsvorlesung halten und zur Einführung stellte der Dekan der Fakultät meinen wissenschaftlichen Werdegang vor: nach der Promotion Auslandsaufenthalt in Afrika und den USA, Habilitation an einem Max-Planck-Institut, Heisenberg-Stipendium und bald darauf der Ruf nach Göttingen. Ich hatte nicht das Gefühl, dass er über mich redete. Was sich im Rückblick als schnurgerader Weg ohne Stolpersteine darstellte, sah unterwegs ganz anders aus. Während der vielen Jahre hatte ich eher den Eindruck, von einer kleinen wackeligen Plattform im Wasser zur nächsten springen zu müssen.

Kein Stipendium und kein Forschungsantrag gewährten mir einen längeren Aufenthalt als zwei oder drei Jahre, dann musste es weitergehen. Über dem Ganzen waberte Nebel und die Gefahr herunterzufallen war groß. Zudem entfernte ich mich immer weiter vom rettenden Ufer einer Festanstellung und war für den außerakademischen Arbeitsmarkt bald überhaupt nicht mehr zu gebrauchen. Ich kann nicht verhehlen, dass die damit verbundene Unsicherheit mir manch schlaflose Nacht bereitet hat.

Was hielt mich eigentlich bei der Stange? Warum hatte ich mich überhaupt auf diesen schon von Max Weber als »Hazard-Spiel« charakterisierten Lebensweg eingelassen? Es waren die Lust an der Wissenschaft und die Folge menschlicher Begegnungen, die mich dazu trieben, das zu werden, was ich heute bin: Professorin für Biologie. Schon früh fesselten mich Fragen, die mich bis heute beschäftigen. Rückblickend muss ich daher sagen: Trotz aller Ängste und Unsicherheiten sah ich keine wirkliche Alternative zu einem Leben als Forscherin. Das merkte ich im schottischen Schlickwatt genauso wie bei den Pavianen im Busch von Botswana.

Erleuchtung in San Diego

Eigentlich begann alles mit einem Besuch bei Walter Heiligenberg, der damals als Neuroethologe Professor an der *Scripps Institution of Oceanography* in San Diego war. Ich besuchte ihn und seine Arbeitsgruppe, als ich versuchte auszuloten, ob die Biologie etwas für mich sein könnte. Nur mit einer telefonischen Empfehlung eines Freundes ausgestattet, kreuzte ich in San Diego auf. Heiligenberg, ein Exil-Deutscher von knapp 50 Jahren, holte mich vom Flughafen ab, blinzelte mich freundlich an und lud mich in sein altes goldenes Volvo-Coupé ein. Seine Familie nahm mich ebenso herzlich in ihr Haus wie die Arbeitsgruppe in das Labor auf. Heiligenberg war eine der prominentesten Figuren im damals noch jungen Feld der »Neuroethologie«, in der versucht wird, die neurobiologischen Grundlagen von Verhalten zu ergründen. Ich war damals wirklich eine junge Göre, gerade einmal 18 Jahre alt. Ich konnte noch gar nicht erfassen, in welch berühmtem und bedeutendem Labor ich gelandet war. Alle waren ausnehmend freundlich und geduldig. Auf jede noch so abwegige Frage gaben sie mir eine Antwort. Mich beeindruckte der egalitäre Stil, die vielfachen sozialen Aktivitäten, die von einem Grillfest auf der Terrasse bis zu einem gemeinsamen Konzert reichten. Es war eine fröhliche und lebhafte Lebens- und Arbeitsgemeinschaft. Leider ist Walter Heiligenberg, für viele unfassbar, in September 1994 bei einem Flugzeugabsturz ums Leben gekommen. Es tut mir heute noch Leid, dass ich meiner Dankbarkeit nicht wirklich Ausdruck verleihen konnte. Ich habe mich oft gefragt, ob ich in dieser Woche vielleicht eine Art frühwissenschaftlicher Prägung erfahren habe, da ich mich nach einigen Umwegen heute mit Themen beschäftige, die jenen sehr ähneln, die wir damals diskutierten: Kommunikation, Lernen und die Frage, ob ein Gehirn sich selbst verstehen kann.

Mein Biologiestudium begann ich dann an der Freien Universität Berlin. Was ich dort beobachtete, gleicht phasenweise den von Frank Berzbach in diesem Band geschilderten Missständen. Immerhin wurden wir in der Einführungswoche vom Dekan nicht mit den Worten begrüßt: »Ich weiß gar nicht, was Sie hier alle wollen. Am besten gehen Sie gleich wieder nach Hause.« Das bekam eine Kommilitonin zu hören, die Lateinamerikanistik belegt hatte. Das Biologiestudium war zwar relativ verschult, aber die Gruppen waren klein und die Betreuung gut. Katastrophale Zustände erwarteten uns erst im Hauptstudium, in der ein eklatanter Mangel an Praktikumsplätzen dazu führte, dass man nach einem Kurs in einem Semester erst mal ein »Freisemester« einlegen musste. Dennoch habe ich sehr gute Erinnerungen an diese Zeit. Gleich in der ersten Semesterwoche war ich zu einer kleinen Gruppe hinzugestoßen, die sich zusammengefunden hatte, um – wenn immer möglich – Kurse, Seminare und Exkursionen gemeinsam zu absolvieren. In gewisser Weise haben wir uns damals einfach genommen, was wir brauchten. Wir mischten uns in den Fachbereich ein, beschäftigten uns mit der Politik des Internationalen Währungsfonds und organisierten Semesterfeten. In den Ferien gingen wir segeln. Unser Enthusiasmus war ebenso groß wie die Empörung über die Zustände an den Universitäten. Eigentlich waren wir ziemlich naiv. Von Altersgrenzen, Exzellenzkriterien und Bestenauswahl hatten wir noch nichts gehört. Dies bemerkten als Erste diejenigen, die sich um ein Stipendium für eine Doktorarbeit bemühten. Zum Beispiel ich.

Forschung im Schlickwatt

Ob ich mich trotz aller Begeisterung für die Wissenschaft wirklich auf eine akademische Laufbahn einlassen sollte – ich wusste es damals noch nicht. Einerseits hatte ich endlich das Gefühl, genau das Richtige zu machen. Ich hatte schon immer Spaß am Knobeln und Tüfteln gehabt, ging Problemen gerne auf den Grund und arbeitete gerne systematisch. Außerdem empfand ich das Praktische in der Biologie, das Schnippeln und Zeichnen und ebenso die frühmorgendlichen Exkursionen als eine echte

Bereicherung – ich galt bis dahin eher als Bücherwurm und Stubenhockerin. Andererseits schien es für Frauen fast unmöglich zu sein, sich in der Naturwissenschaft zu etablieren. Einmal tätschelte mir ein Professor den Arm und sagte, dass ich als Frau in der Wissenschaft eh nichts zu suchen hätte. Ich wolle doch sicherlich heiraten und Kinder haben. Erst im Ausland packte mich das Forscherfieber. Zunächst in Schottland, wo ich mein erstes eigenständiges Projekt durchführen durfte. Ich untersuchte die Struktur der Sandlückenfauna im Schlickwatt und schwor mir danach, dass die Tiere beim nächsten Mal mindestens mit dem bloßen Auge zu erkennen sein müssten. Das zweite Mal erfasste mich das Forscherfieber bei einem Gastaufenthalt an der Harvard University. Hier hatte ich das Gefühl, als Frau genauso ernst genommen zu werden wie die Männer. Mein Wunsch, wissenschaftlich zu arbeiten, wuchs nun stetig. Allerdings gab es auch immer wieder Sinnkrisen, ich fragte mich dann, was das Ganze eigentlich soll. In solchen Zeiten war es dann mein Einsatz als Tutorin und später als Lehrveranstalterin, die mich motivierten weiterzumachen. Ich hatte von Anfang an ungeheuren Spaß an der Vermittlung von Wissen.

Eine wichtige Mentorin in Sachen Lehre war für mich Meredith Small, eine Evolutionsbiologin und Professorin an der Cornell University. Sie untersuchte die Strategien weiblicher Affen bei der Partnerwahl und ging darüber hinaus der Frage nach, warum dieser Aspekt von ihren männlichen Kollegen eigentlich nie berücksichtigt wurde. Inzwischen hat sie sich der Vermittlung wissenschaftlicher Erkenntnis verschrieben, schreibt Bücher und Artikel in populärwissenschaftlichen Magazinen. Zudem hat sie etliche Preise für ihre Lehrtätigkeit erhalten. Von Meredith habe ich nicht nur gelernt, wie man ordentlich Verhaltensdaten aufnimmt, sondern auch, wo man den besten Lippenstift kaufen kann. Sie war für mich die erste Biologieprofessorin, die ich wirklich lustig fand. Sie ging mit großer Ernsthaftigkeit, aber auch einer gehörigen Portion Selbstironie an die Sache. Im Handumdrehen fegte sie meine Vorstellung beiseite, man müsse entweder ein Backfisch oder ein Eisschrank sein, um sich als Frau in der Wissenschaft einen Platz zu erobern. Apropos Image-Probleme: In den USA sollten jüngst Kinder in einer Umfrage beschreiben, wie sie sich denn einen typischen Forscher vorstellen.

Die Kinder konnten sich anscheinend kaum vorstellen, dass die Frauen und Männer, die die Untersuchung durchführten, selbst Wissenschaftler waren. Sie fanden die Leute »zu normal« oder »zu gut aussehend«, um als Forscher durchzugehen. Wissenschaftler waren in ihren Augen »seltsame, besessene, zurückgezogene, von sich selbst eingenommene und nicht selten verrückte« Menschen.

Berlin, Botswana, Philadelphia

Nach meinem Aufenthalt in den USA kehrte ich nach Berlin zurück, schloss meine Doktorarbeit ab und nahm mir fest vor, Professorin zu werden, was manche meiner männlichen Kollegen ziemlich irritierte. Auch wenn das Ziel noch in unerreichbarer Ferne schien, ich hatte wenigstens eines. Ich schrieb Forschungsanträge für einen weiteren Aufenthalt in Harvard, publizierte, übernahm unentgeltlich Lehraufträge und wartete auf die Entscheidung der Förderorganisationen. Die alle negativ ausfielen. Es wäre ein ziemlicher Schlag ins Kontor gewesen, wenn ich nicht ganz unverhofft ein Angebot von einer anderen Arbeitsgruppe aus den USA bekommen hätte. Diesen Kontakt hatte ich Meredith Small zu verdanken, die mir riet, meine damals zugegebenermaßen noch bescheidenen Veröffentlichungen an das berühmte und von mir sehr bewunderte Forscherpaar zu senden, das mich nach meinem Vortrag auf einer Konferenz angesprochen hatte. Eben diese beiden Wissenschaftler, Robert Seyfarth und Dorothy Cheney, boten mir eine absolute Traumstelle an. Ich sollte für anderthalb Jahre in Botswana im Busch die Kommunikation von Pavianen erforschen. Das konnte ich nicht ablehnen. Mir war vollkommen egal, ob ich mich damit karrieretechnisch ins Aus katapultieren würde. Freilandforschung ist risikobehaftet, man ist vom Spiel um Stellen abgeschnitten und zudem sah es damals schon düster aus für die organismische Forschung in der Biologie.

Der durchaus anstrengenden, aber auf jeden Fall bereichernden Zeit in Afrika folgte ein Jahr in Philadelphia, in der ich meine Daten analysierte, Publikationen zusammenschrieb und an einem weiteren Forschungsantrag bastelte. In der Arbeitsgruppe waren wir damals nur zwei Postdocs und zwei Doktoranden, aus vier Nationen übrigens. Robert und Dorothy, wie wir sie alle nannten, betrachteten uns als eine Erweiterung ihrer Familie. Das hieß: gemeinsame Mittagessen am Freitag und regelmäßig ausgedehnte Dinnerpartys in ihrem Haus. Hier war es ungeschriebenes Gesetz, das Thema Arbeit zu vermeiden, dafür aber den Abend mit kuriosen Geschichten über Begegnungen mit Löwen, Schlangen oder marodierende Banden zu bereichern. Bemerkenswert war das Understatement, das die beiden in Bezug auf ihren Arbeitseinsatz pflegten. Cool war nur, wer trotz maßvollen Zeitaufwandes produktiv war. Es hat mich sehr erleichtert zu sehen, dass es zumindest phasenweise möglich ist, sich nicht zu Tode zu schuften und trotzdem vorne mitzuschwimmen.

Im Honigtopf der Wissenschaft

Ob ich weiter dabei sein würde, lag nun in den Händen der Deutschen Forschungsgemeinschaft (DFG). Ich wollte unbedingt nach Deutschland zurück, einmal aus persönlichen Gründen, zum anderen aber, weil mir schwante, dass es nach einem mehrjährigen Aufenthalt fast unmöglich werden würde, hier noch einmal Fuß zu fassen. Von Seiten der DFG hieß es zunächst, dass ich für ein Emmy-Noether-Stipendium zwar zu alt, für ein Habilitationsstipendium aber zu jung sei. Nach einem schriftlichen Protest wurde mein Antrag dann doch positiv begutachtet und ich erhielt die Möglichkeit, ans Max-Planck-Institut für evolutionäre Anthropologie in Leipzig zu wechseln, das Mekka für alle, die an der Evolution des Menschen interessiert sind. Im Institut versammelten sich Verhaltensbiologen und Genetikerinnen ebenso wie Linguisten und experimentelle Psychologen. Im ersten Jahr waren wir auf unserem Flur 26 Leute aus 14 Ländern und Koryphäen aus aller Welt gaben sich die Klinke in die Hand. Das Institut war neu, sehr gut ausgestattet und allerseits herrschte eine begeisterte Aufbruchstimmung. Solch eine Situation ist natürlich außergewöhnlich. Meinen *reality check* hatte ich dann an der Universität Leipzig, an der ich mich habilitieren wollte. Hier konnte man die Verwahrlosung des deutschen Hochschulwesens aufs Beste studieren. Dazu kamen die sozialen Folgen der Nachwende, die sich auch in der Generation der Studierenden manifestierten: »Was? Sie sind eine Wessi? Aber Sie sind doch nett?!«

Das Roulette-Rad drehte sich nun langsamer und die Entscheidung rückte näher, ob ich auf dem winzigen Markt in Deutschland eine Stelle ergattern könne oder nicht. Wie eingangs erwähnt, ging es mir in dieser Phase nicht besonders gut. Bei der Stange gehalten hat mich in dieser Zeit meine Aufnahme in die »Junge Akademie«. Vor rund fünf Jahren von der Berlin-Brandenburgischen Akademie der Wissenschaften und der Akademie der Naturforscher Leopoldina gegründet, verfolgt die Junge Akademie das Ziel, jüngeren Forschern die Möglichkeit zum interdisziplinären Arbeiten zu geben. Sie hat 50 Mitglieder, jährlich werden zehn neue Mitglieder für fünf Jahre hinzugewählt, dafür scheiden zehn andere aus. Die Mitglieder vertreten so unterschiedliche Disziplinen wie Rechtsgeschichte, Molekularbiologie und Komposition. Die Junge Akademie ist ein Honigtopf, in dem man mit fabelhaften Ressourcen ausgestattet ist und auch unkonventionelle Projekte durchführen kann.

Schließlich, nach vielen Bewerbungen und Absagen, erhielt ich den Ruf nach Göttingen. Ich war unglaublich erleichtert, hatte aber auch gewisse Befürchtungen. Die deutschen Universitäten erschienen mir als behäbige Kolosse mit wenig Raum für Eigeninitiative und Experimente. Dafür mit viel Kleingeist und Neid. Und tatsächlich: Die Stimmung ist schlecht, es wird sich ausgiebig beklagt, und oft auch zu Recht. Aber glücklicherweise gibt es in der Hochschullandschaft nicht nur dunkle Wolken, sondern auch einige viel versprechende Initiativen und ein gewisses Bemühen, der Starre und Gleichgültigkeit der letzten Jahrzehnte etwas entgegenzusetzen. Ich hoffe sehr, dass der Schwung derer, die sich um Verbesserungen bemühen, nicht durch Kosten-Leistungs-Rechnungen, die um sich greifende Evaluationswut und sonstige bürokratische Exzesse abgewürgt wird. Und was zeichnet die kleinen »gallischen Dörfer«, wo sowohl Lehrende als auch Lernende zufrieden sind, aus? Neben der fachlichen Exzellenz der Kollegen scheinen ein gutes Arbeitsklima und eine kollegiale Atmosphäre besonders wichtig zu sein. Wenn ich Studierende frage, was ihnen wichtig sei, dann höre ich oft, dass sie sich

›fair behandelt fühlen‹ wollen und sich transparente Entscheidungen in ihrer Arbeitsgruppe wünschen.

Ich habe also keine klassische universitäre Karriere hingelegt, sondern blieb mit einem Bein immer etwas außerhalb. Für viele Frauen typisch, musste ich mich zudem von einem Stipendium zum nächsten hangeln und ich hatte in Deutschland nie einen großen Fürsprecher. Auch wenn es offensichtlich ohne Rückenwind geht, sollte man nicht unterschätzen, wie wichtig es ist, bei den richtigen Leuten zu landen und die entsprechenden Kontakte zu pflegen. Ein Blick auf die Biografien von Mitgliedern der Jungen Akademie verrät beispielsweise, dass viele die Schützlinge von ›großen Namen‹ sind. Handelt es sich hier um eine Korrelation oder eine Kausalbeziehung? Erkennen die besten Wissenschaftler als Erstes die besten Studierenden oder umgekehrt? Oder kommen die richtig guten Leute einfach besser damit klar, gute Schüler zu haben, die sie in manchen Bereichen überflügeln, während andere gegen den eigenen Neid ankämpfen müssen, weil sie es ja »selbst nicht so weit gebracht haben«? Möglicherweise sind es gar nicht immer die besten jungen Leute, die von den großen Meistern unter ihre Fittiche genommen werden, sondern diejenigen, die die besten Projektionsflächen des Mentors darstellen? Oder die, die das Netzwerken am besten beherrschen? In jedem Fall ist der Wert von Kontakten unbestritten und Jungforscher in den renommierten Arbeitsgruppen profitieren schon früh von guten Verbindungen.

Wenn mich heute jemand fragt, ob er oder sie sich für die Wissenschaft entscheiden soll, kann ich keine eindeutige Antwort geben. Es ist und bleibt ein Hazard-Spiel. Nicht jeder, der es verdient hätte, kann sich damit ein Auskommen sichern. Andererseits gibt es keine planbaren Lebenswege mehr. Und auch in anderen Berufszweigen wird man wieder und wieder dazu gezwungen, den Arbeitsplatz zu wechseln, Freunde zu verlassen, sich eine neue Existenz aufzubauen. Aber wer die Wissenschaft liebt, sollte sich davon nicht abschrecken lassen. Es gibt immer noch Freiräume für die Leidenschaft, die Rätsel dieser Welt zu lösen.

Der Text beruht auf einem Beitrag für die Zeitschrift GEGENWORTE
(Heft 14, 2004) der Berlin-Brandenburgischen Akademie der Wissenschaften.
Wir danken für die freundliche Überlassung.

Ein Ratgeber
für junge Akademiker

- Ausgewählte Praxisinitiativen
- Links und Adressen zum Berufseinstieg
- Literaturhinweise

Von Nadia Chakroun

Ausgewählte Praxisinitiativen, die sich vorbildlich um die »Lücke« zwischen Hochschule und Arbeitsmarkt kümmern

Career Services

»Und was willst du damit später mal machen?« – diese Frage besorgter Verwandter begleitet Studenten geistes- oder sozialwissenschaftlicher Fächer wie ein Leitmotiv durch ihr ganzes Studium. In Hörsälen und Seminaren werden ihnen zwar neben den fachlichen Qualifikationen so genannte »soft skills« wie analytisches Denkvermögen und Teamfähigkeit vermittelt, wo und wie sie diese Fähigkeiten aber später einsetzen können, verrät ihnen niemand. Beratungsbedarf und der Wunsch nach Orientierung herrscht mittlerweile sogar bei Natur-, Wirtschafts- oder Ingenieurwissenschaftlern, da heutzutage vom akademischen Nachwuchs vor allem berufliche Flexibilität gefordert wird und Quereinstiege in fachfremde Tätigkeiten auch bei ihnen zur Regel werden.

Erfreulicherweise reagieren immer mehr Hochschulen auf diese Entwicklung und bauen ihre Beratungsangebote und Praxisprogramme aus. Ein Pionier in dieser Hinsicht ist das »Institut Student und Arbeitsmarkt« an der Ludwig-Maximilians-Universität München, das seit mittlerweile 20 Jahren Studenten bei der Vorbereitung auf das Berufsleben unterstützt. Mitte der 80er Jahre als Verein und Kooperation von Hochschule und Arbeitsamt gegründet, hatte »Student und Arbeitsmarkt« zunächst das Ziel, Studierende geistes- und sozialwissenschaftlicher Fächer auf berufliche Alternativen in der Wirtschaft vorzubereiten. Mitte der 90er Jahre ging es dann immer mehr darum, auch Studierende anderer Fächer auf die veränderten Anforderungen des Arbeitsmarktes einzustellen, und heute bietet das Institut ein umfangreiches Programm zur Berufsorientierung, das allen Studenten offen steht. In Praxiskursen erhalten sie Zusatzqualifikationen wie beispielsweise Kenntnisse in EDV, Betriebswirtschaft,

Projektmanagement oder Textredaktion. Das Institut vermittelt ihnen Praktika im In- und Ausland und veranstaltet Firmenkontaktmessen. In einem Mentoring-Programm werden Studierende mit beruflich erfahrenen Mentoren zusammengebracht, die sie individuell beraten und fördern.

Ein weiteres Beispiel für die erfolgreiche Förderung der Berufsfähigkeit von Studenten ist der Career Service der Universität Münster. Dessen Koordinator Andreas Eimer hatte auf einer Studienreise mehrere US-amerikanische Career Centers besucht und wurde für seine Idee, derartige Programme auch an deutschen Hochschulen zu fördern, mit dem USable-Preis der Körber-Stiftung ausgezeichnet. In Münster hat Eimer einen Career Service nach amerikanischem Vorbild aufgebaut, der in Kooperation von Uni, Fachhochschule und Arbeitsagentur ein vielfältiges Angebot zur Berufsorientierung bereithält. Kernstück ist das Semesterprogramm mit rund 100 Veranstaltungen, unter anderem Vorträge von Berufspraktikern, Workshops zur Berufsfindung, Bewerbungstrainings, Firmenmessen und Seminare zur Förderung von Schlüsselqualifikationen. Auf der Homepage des Career Service finden Studenten ausführliche Informationen zur Praktikumsgestaltung sowie kommentierte Link- und Literaturtipps zu zahlreichen Themen rund um den Berufseinstieg.

Immer mehr Hochschulen folgen den Beispielen aus Münster und München und unterstützen die berufliche Karriereplanung ihrer Studenten. Auch wenn die deutschen Career Services noch lange nicht so selbstverständlich und so angemessen finanziert sind wie ihre Vorbilder aus den USA, scheinen die deutschen Universitäten doch langsam ein Bewusstsein dafür zu entwickeln, dass die Berufsfähigkeit der Absolventen auch in ihrer Verantwortung liegt. Sie sollten ihren Studenten neben fachlicher Qualifikation die Fähigkeit vermitteln, sich selbst um ihre berufliche Zukunft zu kümmern und auf die berühmte »Was willst du mal machen?«-Frage rechtzeitig eine Antwort parat zu haben.

Weitere Informationen:

Eine Auflistung der Career Services an deutschen Hochschulen gibt es auf der Homepage des Career Service Netzwerk Deutschland e. V. (csnd): http://www.csnd.de

Homepage des Instituts Student und Arbeitsmarkt: http://www.s-a.uni-muenchen.de

Homepage des Career Service Münster: http://www.uni-muenster.de/CareerService

Fair Company

Prak | ti | kum *<nlat.> das*: im Rahmen einer Ausbildung außerhalb der [Hoch-]Schule abzuleistende praktische Tätigkeit.

Die Definition des »Duden«-Fremdwörterbuchs beschreibt vielleicht die ursprüngliche Bedeutung des Begriffes »Praktikum«, eine zeitgemäße Variante sähe aber wohl eher so aus:

Prak | ti | kum *<nlat.> das*: un- oder unterbezahlte Vollzeittätigkeit hoch qualifizierter Absolventen zur Gewinnmaximierung des beschäftigenden Unternehmens (häufig auf ↑ falschen Versprechungen beruhend).

Diese Definition würde zumindest die Realität auf dem Arbeitsmarkt viel besser treffen, denn längst sind Praktikumsplätze nicht mehr nur Studenten zur Erweiterung ihrer praktischen Fähigkeiten vorbehalten, sondern auch bei Absolventen heiß begehrt, die unmittelbar nach ihrem Studium noch keine feste Stelle in Aussicht haben. So umgehen sie einerseits gefährliche Lücken im Lebenslauf und hoffen außerdem auf eine spätere Anstellung, die ihnen von den Unternehmen nicht selten vage versprochen wird. Was sie während ihres Praktikums erwartet, kommt einer regulären Stelle allerdings schon ziemlich nahe: 40-Stunden-Woche plus Überstunden mit dem Arbeitspensum und der Verantwortung einer Vollzeitkraft, dafür aber eine Bezahlung unterm Sozialhilfeniveau, keinerlei Betreuung oder Förderung und keine Aussicht auf Weiterbeschäftigung.

Diesem Trend will sich die Initiative »Fair Company« des Magazins »karriere« entgegensetzen und verleiht daher ein Gütesiegel an Unternehmen, die den Nachwuchs fördern, anstatt ihn auszubeuten. Fünf Regeln müssen die Arbeitgeber einhalten, um sich mit dem Titel »Fair Company« schmücken zu dürfen: Sie ersetzen keine Vollzeitstellen durch Praktikanten und ködern Absolventen nicht mit der Aussicht auf eine spätere Anstellung, sie müssen Praktika angemessen bezahlen und dürfen Berufsanfänger, die sich auf eine feste Stelle beworben haben, nicht mit einem Praktikum vertrösten. Außerdem bieten sie Praktika vornehmlich zur beruflichen Orientierung während der Ausbildungsphase an und halten für Absolventen andere Programme bereit. Damit sich die Unternehmen an die Spielregeln halten, befragt »karriere« regelmäßig Praktikanten nach ihren Erfahrungen.

Die im Herbst 2004 ins Leben gerufene Initiative zählte ein Dreivierteljahr nach ihrer Gründung bereits 162 beteiligte Unternehmen, darunter so namhafte Konzerne wie Bertelsmann, die Deutsche Bahn, BMW, Beiersdorf und die Deutsche Bundesbank. Eine derart positive Resonanz lässt die berechtigte Hoffnung zu, dass mit »Fair Company« ein Umdenken in Gang gesetzt wird und eine neue Fairness gegenüber Absolventen in die Arbeitswelt Einzug hält. Die steigende Anzahl der selbst verpflichteten Unternehmen kann zudem positiven Druck auf andere Firmen ausüben, schließlich haben die »Fair Companies« nicht nur einen guten Ruf auf dem Bewerbermarkt, sondern fördern mit einer guten Nachwuchspolitik auch den Wirtschaftsstandort Deutschland – und verleihen obendrein der Dudendefinition wieder neue Gültigkeit.

Weitere Informationen:

- http://www.karriere.de/faircompany

Doktorandennetzwerk THESIS

Sie geistern durch abgelegene Bibliotheksgänge, brüten jahrelang hinter riesigen Papierbergen am heimischen Schreibtisch oder verschwinden hinter einer Mauer aus Reagenzgläsern im Labor – Doktoranden lassen sich oft auf ein ziemlich einsames Abenteuer »Promotion« ein. Wer nicht gerade das Glück hat, in einem Graduiertenkolleg betreut und in die Forschung integriert zu werden, steht mit seinem Promotionsvorhaben und den damit einhergehenden Problemen und Frustrationen häufig alleine da. So ging es auch einer Gruppe von Doktoranden im Rhein-Main-Gebiet, die sich Anfang der 90er Jahre unter dem Motto »Raus aus der Isolation« per Anzeige auf die Suche nach Gleichgesinnten machte. Das war die Geburtsstunde von THESIS e.V., einem bundesweiten interdisziplinären Netzwerk für den wissenschaftlichen Nachwuchs, das mittlerweile fast 600 Mitglieder und an die 30 regionale Gruppen zählt.

THESIS bietet Promovierenden die Möglichkeit, miteinander ins Gespräch zu kommen, Erfahrungen auszutauschen und sich bei Problemen gegenseitig zu helfen. In Mailinglisten und bei regionalen Stammtischen können Doktoranden ihr Promotionsthema in interdisziplinären Runden vorstellen und diskutieren, Fragen zur Finanzierung oder zur Hochschulpolitik werden ebenso angesprochen wie Selbstzweifel und persönliche Schaffenskrisen. Weitere wichtige Zweige des Netzwerks sind Workshops und Diskussionsrunden zu speziellen Promotionsthemen, die vierteljährlich erscheinende Zeitschrift THESE und das Mitgliederverzeichnis THESAURUS mit Adressen und Selbstvorstellungen der einzelnen Mitglieder.

Im Bereich der Hochschulpolitik setzt sich THESIS für die Belange des wissenschaftlichen Nachwuchses ein und sucht den Dialog mit Politik und Hochschule. So konnte THESIS in einer groß angelegten Doktorandenbefragung Defizite in Betreuung und Strukturierung der Promotionsphase aufzeigen und Verbesserungen anregen. Dass das THESIS-Netzwerk selbst eine erhebliche Verbesserung der Situation von Promovierenden darstellt, dürfte für seine Mitglieder wohl außer Frage stehen: Hier werden Einzelkämpfer zu Netzwerkern, die sich gegenseitig aus der Isolationshaft am Schreibtisch befreien können.

Weitere Informationen:

- http://www.thesis.de

Frauennetzwerke und -initiativen

Promovieren ist die eine Sache, dann aber tatsächlich auch eine wissenschaftliche Laufbahn einzuschlagen eine ganz andere. Dabei sind es nicht nur die geforderte fachliche Exzellenz, der Stellenabbau an den Hochschulen und die an Ausbeutung grenzenden Arbeitsbedingungen in den Instituten, die diesen Weg steinig machen. Häufig genug scheint auch einfach das Geschlecht des Bewerbers den Ausschlag für Erfolg oder Misserfolg an den Hochschulen zu geben. Wie sonst ließe es sich erklären, dass etwa die Hälfte aller Absolventen weiblich ist, die Anzahl der Professorinnen aber bei nur knapp 13 Prozent liegt?

Die Förderung des hoch qualifizierten weiblichen Nachwuchses haben sich indessen zahlreiche Initiativen auf die Fahnen geschrieben, vom jährlichen »Girls' Day«, der Schülerinnen für technische und naturwissenschaftliche Studienfächer und Berufe begeistern soll, über universitäre Mentoring-Programme für Studentinnen bis hin zu Projekten, die Konzepte für die Vereinbarkeit von Familie und Beruf entwickeln. Eine sehr erfolgreiche Initiative für die Chancengleichheit in Wissenschaft und Forschung ist das CEWS (Center of Excellence Women and Science), eine nationale Koordinierungs-, Informations- und Beratungsstelle mit dem Ziel der Erhöhung des Frauenanteils in universitären und wissenschaftlichen Führungspositionen. Das CEWS bietet Wissenschaftlerinnen spezielle Karrieretrainings, für Hochschulen, Forschungseinrichtungen und politische Gremien entwickelt es Konzepte zur Frauenförderung und evaluiert deren Umsetzung. Die vom CEWS eingerichtete Wissenschaftlerinnen-Datenbank FemConsult ermöglicht Berufungskommissionen die Online-Recherche nach qualifizierten Bewerberinnen.

Doch nicht nur der Wissenschaftsbereich hat in Sachen Chancengleichheit einigen Nachholbedarf, auch in der freien Wirtschaft ist der Anteil von Frauen in Führungspositionen noch immer verschwindend gering. Hier ist es vor allem der Netzwerk-Gedanke, der Abhilfe schaffen soll: In Vereinigungen wie dem BPW (Business and Professional Women) oder der Internetplattform »femity« tauschen Frauen ihre Erfahrungen aus, knüpfen Kontakte und unterstützen und fördern sich gegenseitig. Dabei geht es Netzwerken und Förderprogrammen nicht darum, die Frauen zu einer schutzwürdigen Randgruppe zu erklären – sie orientieren sich lediglich an der gesellschaftlichen Realität. So verdeutlichen all diese Initiativen, dass man sich auch heute noch nicht auf der prinzipiellen Chancengleichheit ausruhen sollte und frau selbst das Heft in die Hand nehmen muss, damit ihr auch wirklich alle Möglichkeiten offen stehen.

Weitere Informationen:

http://www.cews.org

Eine Auflistung von Frauennetzwerken und Frauen-Mentoring-Projekten gibt es auf der Homepage des Kompetenzzentrums: http://www.kompetenzz.de/netzwerke

Links und Adressen zum Berufseinstieg für Hochschulabsolventen

Erste Orientierungshilfen für Hochschulabsolventen

Deutscher Bildungsserver

Der Deutsche Bildungsserver bietet umfangreiche Link-Listen zu vielen studentischen Themen, u. a. zu Beratungsangeboten für Studierende, zu Aufbaustudiengängen und Graduiertenprogrammen. Unter der Rubrik »Jobs und Praktika/Karriere« findet sich eine Auflistung der wichtigsten Online-Jobbörsen.

- http://www.bildungsserver.de

Netzwerk »Wege ins Studium«

Das Netzwerk »Wege ins Studium« ist eine gemeinschaftliche Initiative der Bundesagentur für Arbeit, des Bundesministeriums für Bildung und Forschung, der Hochschulrektorenkonferenz u. a. Das Internetportal soll dem Informationssuchenden helfen, sich das umfangreiche Informationsangebot der Netzwerk-Partner systematisch zu erschließen, und bietet eine umfassende Rubrik »Studium, und dann?«.

- http://www.wege-ins-studium.de

Zukunft klipp + klar

Das Informationszentrum der deutschen Versicherer gibt unter dem Reihentitel »Zukunft klipp + klar« Broschüren zum Thema Arbeit und Jobsuche heraus, die auf der Homepage bestellt werden können. Das Internetangebot bietet zudem zahlreiche Informationen für Uni-Absolventen und einen ausführlichen Adress- und Literaturteil.

- http://www.zukunft-klippundklar.de

Beratungsangebote für Berufseinsteiger

Die Hochschulteams der Arbeitsagentur

Die Hochschulteams der Arbeitsagentur sind Ansprechpartner für alle berufsbezogenen Anliegen von Studierenden und Hochschulabsolventen, aber auch für Partner aus Hochschule und Wirtschaft, und übernehmen dadurch eine Schnittstellenfunktion. Ihre Arbeitsschwerpunkte umfassen drei große Bereiche: Beratung, Orientierung, Vermittlung.

> http://www.arbeitsagentur.de
> (Pfad: Startseite → Informationen für Arbeitnehmer → Bestimmte Personengruppen → AkademikerInnen)

Studienberatungsstellen der Hochschulen

Der Hochschulkompass bietet eine Adressliste der Studienberatungsstellen an deutschen Hochschulen, die bei Problemen mit Studienabschluss und Berufseinstieg helfen und oftmals Seminare und Workshops zu Fragen der persönlichen Zukunftsgestaltung oder der beruflichen Qualifikation anbieten.

> http://www.hochschulkompass.de/hochschulen.html

Career Services

An vielen deutschen Hochschulen gibt es mittlerweile Career Services, die die Studierenden auf den Übergang von der Hochschule in den Beruf vorbereiten. Sie informieren über Arbeitsmärkte und Berufsmöglichkeiten und vermitteln Zusatz- und Schlüsselqualifikationen sowie Kontakte zu potenziellen Arbeitgebern. Auf der Homepage des Career Service Netzwerk Deutschland e.V. (csnd) findet sich eine Liste der Career Services an deutschen Hochschulen.

> http://www.csnd.de

Psychologische Beratung der Studentenwerke

Viele Studentenwerke bieten psychologische Beratungen für Studierende an. Die Beratungsstellen unterstützen bei der Bewältigung von Arbeits- und Leistungskrisen und helfen bei der Orientierung in schwierigen Lebenssituationen – etwa dem Übergang vom Studium in den Beruf.

> http://www.studentenwerke.de

Coaching und Karriereberatung

Professionelle Karriereberater nehmen die Berufsplanung ihrer Kunden genau unter die Lupe und entwickeln gemeinsam mit ihnen Konzepte, um die beruflichen Ziele zu erreichen. Eine Leistung, die ihren Preis hat – die Stundensätze liegen in der Regel bei mindestens 90 Euro. Wer sich davon nicht abschrecken lässt, für den bieten z.B. die CoachAcademy oder das Karriereportal Staufenbiel individuelle Beratung und Seminare speziell für Hochschulabsolventen. Auf der Internetseite der Deutschen Gesellschaft für Karriereberatung (DGfK) gibt es eine Checkliste mit Kriterien, die einen guten Coach auszeichnen.

> http://www.coachacademy.de
> http://www.staufenbiel.de
> http://www.dgfk.org

Praktikums- und Stellenbörsen im Internet

Laut einer Studie des Instituts der Deutschen Wirtschaft wenden sich immer weniger Unternehmen an die Arbeitsagenturen, um ihre Stellen für Hochqualifizierte zu besetzen. Stattdessen greifen sie verstärkt auf sog. Karriereportale im Internet zurück, deren Zahl mittlerweile in die Hunderte geht. Wir geben hier nur eine kleine Auswahl, die bei der ersten Orientierung behilflich sein kann.

Meta-Suchmaschinen

Meta-Suchmaschinen ermöglichen eine gleichzeitige Recherche in mehreren Stellenbörsen. Die Angebote können in der Regel nach Berufsfeldern, Postleitzahlbereichen und zusätzlich nach Volltextbegriffen durchsucht werden, auch die Suche nach Praktikumsplätzen ist möglich. Die Suchergebnisse werden dann nach Jobbörsen sortiert angezeigt.

> http://www.jobrobot.de
> http://www.jobworld.de
> http://www.cesar.de
> http://www.stellenboersen.de (keine Suchfunktion, aber eine ausführliche Auflistung von Job- und Praktikumsbörsen sowie ausländischen, berufsspezifischen und regionalen Stellenbörsen)

Internationale Jobbörsen

Karriereportale wie Jobpilot oder Jobware ermöglichen die Suche nach Jobangeboten im Ausland. Wer mit dem Gedanken spielt, im europäischen Ausland zu arbeiten, sich weiterzubilden oder ein Praktikum zu machen, der findet auf der Homepage des Europaservice der Bundesagentur zahlreiche länderspezifische Informationen und weiterführende Links. Auch das Programm EURES (EURopean Employment Services) der Europäischen Kommission informiert über Arbeitsbedingungen in Europa und bietet zudem eine europäische Stellenbörse.

> http://www.jobpilot.net
> http://www.jobware.com
> http://www.europaserviceba.de
> http://europa.eu.int/eures

studienabbrecher.com

Eine Plattform für Studienabbrecher und für Unternehmen, die sich für Studienabbrecher interessieren und spezielle Angebote für sie bereithalten.

> http://www.studienabbrecher.com

Kontaktmessen, Netzwerke und Wettbewerbe

Firmenkontaktmessen

Firmenkontaktmessen wie die der Studenteninitiative bonding bieten Studierenden und Absolventen ein Forum, um mit Unternehmen in Kontakt zu treten. Wer schon genauere Vorstellungen von seiner beruflichen Zukunft hat, kann sich im Vorfeld vieler Messen für Bewerber-Einzelgespräche bei den ausstellenden Unternehmen anmelden.

> http://www.bonding.de
> http://www.karriere.de (unter dem Menüpunkt »Recruiting-Events« gibt es einen Veranstaltungskalender für Firmenkontaktmessen)
> http://www.berufsstart.de
> (Veranstaltungskalender für Kontaktmessen und Workshops)

Mentoring

Unter Mentoring versteht man eine persönlich gestaltete Beziehung zwischen einem beruflich erfahrenen Mentor und einem weniger erfahrenen Mentee. Der Mentor gibt Ratschläge, hilft, Probleme zu lösen, führt in Netzwerke ein. An vielen Universitäten gibt es mittlerweile Mentoring-Programme, die die Vermittlung übernehmen, zahlreiche Angebote richten sich speziell an Frauen.

> http://www.kompetenzz.de/netzwerke (Mentoring-Programme für Frauen, darunter aber auch einige allgemeine Mentoring-Projekte)

Wettbewerbe und Forschungspreise

Ein Preis bei einem Forschungswettbewerb macht sich nicht nur gut im Lebenslauf und erhöht so die Erfolgschancen, oft genug öffnet er auch die Türen zu Netzwerken, die für die berufliche Zukunft entscheidende Impulse geben und zu wichtigen Kontakten verhelfen können.

> http://www.studienpreis.de (unter dem Menüpunkt »Links« gibt es eine Auflistung von Wettbewerben für Studierende)
> http://www.bildungsserver.de (Menüpunkt »Wettbewerbe«)
> http://www.sciencegarden.de/forschung/wettbewerbe (Wettbewerbsdatenbank mit individuellem Abfrageformular)

Vermarktung der Abschlussarbeit

Die Vermarktung seiner wissenschaftlichen Abschlussarbeit ist allemal lohnenswerter als deren Verstauben im Bücherregal. Zahlreiche Agenturen übernehmen die Vermittlung von Dissertationen, Diplom- und Magisterarbeiten an interessierte Unternehmen und Studenten, für jedes verkaufte Exemplar erhält der Autor ein Honorar. Durch den Verkauf der Arbeit an ein Unternehmen können sich nicht zuletzt wertvolle Kontakte ergeben, weshalb beispielsweise diplom.de den Autoren anbietet, bei Firmenbestellungen ein Bewerbungsschreiben beizulegen.

> http://www.diplom.de
> http://www.diplomaxx.de
> http://www.pegasus-agentur.de
> http://www.diplomagentur.de
> http://www.vdd-online.com

Existenzgründung

Warum sich angesichts der kritischen Arbeitsmarktlage und immer weniger offener Stellen nicht gleich mit einer guten Idee selbständig machen und sein eigener Arbeitgeber werden? Wer mit dem Gedanken an eine Unternehmensgründung spielt, wendet sich am besten zunächst an GründerlinX, eine umfassende Internet-Link-Sammlung des Anbieters akademie.de zu allen Themen rund um die Existenzgründung. Ein Programm speziell für gründungswillige Studenten und Hochschulabsolventen ist EXIST-SEED des Bundesministeriums für Bildung und Forschung und der EU, das die Entwicklung und Ausarbeitung junger Geschäftsideen finanziell unterstützt.

> http://www.gruenderlinx.de
> http://www.exist.de/existseed

Aufbaustudiengänge, Weiterbildung und Promotion

Der Hochschulkompass

Der Hochschulkompass bietet auf seiner Internetseite eine Datenbank mit allen weiterführenden Studienmöglichkeiten in Deutschland, die mit einem individuellen Abfrageformular durchsucht werden kann.

  http://www.hochschulkompass.de/studium.html

KURS – Die Datenbank für Aus- und Weiterbildung

KURS ist die Datenbank für Aus- und Weiterbildung der Bundesagentur für Arbeit. Mit fast 600 000 Veranstaltungen von ca. 20 000 Einrichtungen ist sie die größte ihrer Art und erfasst zahlreiche Angebote speziell für Hochschulabsolventen.

  http://infobub.arbeitsagentur.de

IBS – Aus- und Weiterbildung im Ausland

Eine der wichtigsten Anlaufstellen für die Weiterbildung im Ausland ist die IBS (Informations- und BeratungsStelle), die der InWEnt – Internationale Weiterbildung und Entwicklung gGmbH – angegliedert ist. Die IBS informiert mit ihrer Programmdatenbank »Weiterbildung ohne Grenzen« und mit einer jährlich herausgegebenen Broschüre über Möglichkeiten der beruflichen Qualifizierung im Ausland.

  http://www.inwent.org
  http://www.inwent.org/ibs

Promotion und Doktoranden-Netzwerke

Erste Informationen für alle, die eine Promotion in Erwägung ziehen, gibt der Leitfaden »Ich will promovieren« der Universität Kassel (als pdf-Dokument im Internet). In Graduiertenkollegs erhalten Promovierende die Möglichkeit, ihre Arbeit im Rahmen eines von mehreren Hochschullehrern getragenen Forschungsprogramms durchzuführen und so in die Forschungsarbeit der beteiligten Einrichtungen einbezogen zu werden. Die Möglichkeit zum Gedankenaustausch und zu gegenseitiger

Hilfe bieten neben Doktoranden-Initiativen der Hochschulen auch über-regionale und interdisziplinäre Promovierenden-Netzwerke.

http://www.uni-kassel.de/wiss_tr/Nachwuchs/promotio.pdf
(Leitfaden »Ich will promovieren«)
http://www.bildungsserver.de
(unter → Wissenschaftler → Wissenschaftlicher Nachwuchs gibt es eine Übersicht der Graduiertenkollegs in Deutschland)

Doktoranden-Netzwerke:
http://www.thesis.de
http://www.doktoranden-netz.de
http://www.promovierenden-initiative.de
http://www.doktorandenforum.de
http://www.doktorandenboerse.info

Stiftungssuche zur Promotionsförderung:
http://www.stiftungsindex.de
http://www.stifterverband.org
http://www.eracareers-germany.de
(Datenbank für Förderprogramme im Ausland)

Literaturhinweise

Literatur zur Berufsorientierung

Richard N. Bolles: *Durchstarten zum Traumjob. Das Handbuch für Ein-, Um- und Aufsteiger.*
Deutschsprachige Bearbeitung von Madeleine Leitner. Frankfurt a. M., New York: Campus 2004. Euro 24,90.

Bolles' Ratgeber gilt als der Klassiker der Jobliteratur und ist auch in Deutschland das meistgekaufte Buch zum Thema Arbeitssuche. Dabei geht es dem Autor weniger um konkrete Tipps zu Bewerbung und Vorstellungsgespräch als vielmehr um die Phase davor: Zunächst soll man sich darüber klar werden, wie genau der eigene Traumjob aussieht. Anschließend zeigt Bolles, wie man dieses Ziel mit unkonventionellen Mitteln verfolgt, ohne auf passende Stellenanzeigen oder Vermittlungsglück warten zu müssen. Die deutsche Ausgabe bietet zudem viele Fakten zum deutschen Arbeitsmarkt und ein ausführliches Adress- und Literaturverzeichnis.

Sibylle Kirch / Irene Scheda: *Auf Umwegen zum Erfolg. Akademiker jenseits der klassischen Karriere.*
Berlin: Ch. Links 2002. Euro 14,90.

Sie werden Patchworker, Jobnomaden oder Jobhopper genannt: Akademiker mit einem verschlungenen Karriereverlauf, die häufig Beruf und Tätigkeitsfeld wechseln und sich ständig neu orientieren müssen. Sibylle Kirch und Irene Scheda lassen viele von ihnen zu Wort kommen und aus ihrem Berufsleben berichten, von Hoffnungen und Erfolgsmomenten ebenso wie von Krisen und Enttäuschungen. Herausgekommen ist ein spannendes Lesebuch, das die Bedeutung von Flexibilität, Eigeninitiative und Risikobereitschaft deutlich macht und zeigt, dass man auch jenseits der klassischen Muster sein Ziel erreichen kann.

Mark Thimm: *Von der Uni in die Selbstständigkeit. Die Alternative:
Sein eigener Chef werden.*
Weinheim, Basel: Beltz 2002. Euro 14,90.

Ratgeber, die alle Aspekte einer Unternehmensgründung angemessen
behandeln wollen, sind aufgrund der Komplexität des Themas meist
schon von vornherein zum Scheitern verurteilt. Mark Thimm entgeht
diesem Problem, indem er den Schwerpunkt nicht auf die Vermittlung
von Fachwissen legt, sondern sich mit dem Prozess des Gründens selbst
auseinander setzt. So macht er deutlich, an welchen Stellen es gerade
gründungswilligen Uni-Absolventen an den nötigen Kenntnissen fehlt
und auf welche Beratungsangebote sie zurückgreifen können, um ihre
Defizite in Recht, Finanzwesen oder Managementwissen auszugleichen.
Sein Ratgeber ist ein guter Ausgangspunkt für Gründungsüberlegungen
und bietet zudem einen hilfreichen Internet-Adressteil.

Bewerbungsratgeber und Praktikumshandbücher

Torsten Czenskowsky / Bernd Rethmeier / Norbert Zdrowomyslaw:
*Praxissemester und Praktika im Studium. Qualifikation durch Berufs-
erfahrung.*
Berlin: Cornelsen 2001. Euro 9,95.

Von allen Seiten hört man das Gleiche: Studierende sollten schon während ihrer Studienzeit praktische Erfahrungen sammeln, um sich in der
Berufswelt zu orientieren, Kontakte zu knüpfen und ihre fachliche Qualifikation zu verbessern. Wer diesen Plan in die Tat umsetzen will, dem
hilft der Cornelsen-Band bei der Planung, Durchführung und Nachbe-
reitung eines Praktikums oder studienbegleitenden Praxissemesters. Der
Leser erfährt, wer ihm bei der Suche nach einem Praktikumsplatz behilflich sein kann, worauf er bei der Bewerbung achten muss und wie er die
geknüpften Kontakte für seine berufliche Zukunft nutzen kann.

Momme von Sydow / Sandra Többe / Heiner Staschen:
Handbuch Studium und Praktikum im Ausland.
Frankfurt a. M.: Eichborn 2004. Euro 19,90.

Wer zusätzlich zum Schritt in die Praxis auch noch den Schritt ins Ausland wagt und ein Praktikum oder Studium außerhalb Deutschlands in Erwägung zieht, der findet in diesem Handbuch ein umfangreiches Nachschlagewerk zu allen Themen rund um den Auslandsaufenthalt: Planung und Anerkennung eines Auslandsstudiums, Stipendienprogramme, Praktikumsvermittlungen und Sprachkurse werden ebenso behandelt wie Fragen zu Versicherungsschutz und Bewerbungsschreiben. Mit einem detaillierten Stichwortverzeichnis und zahlreichen Kontaktadressen ist es eine wertvolle Orientierungshilfe für Studenten und Doktoranden, die den Blick über den eigenen Tellerrand wagen wollen.

Jürgen Hesse / Hans Christian Schrader: *Neue Bewerbungsstrategien für Hochschulabsolventen. Startklar für die Karriere.*
Frankfurt a. M.: Eichborn 2005. Euro 17,90.

Mit Bewerbungsratgebern könnte man ganze Bibliotheken füllen, daher seien hier stellvertretend drei Werke aus einer ganzen Reihe empfehlenswerter Bücher genannt. Das Team Hesse / Schrader gehört bereits seit 20 Jahren zu den führenden Bewerbungsexperten auf dem deutschen Buchmarkt. Unter ihren zahlreichen Publikationen findet sich auch dieser Ratgeber, der auf die spezielle Situation von Hochschulabsolventen eingeht. Die Autoren gliedern darin den Bewerbungsprozess in drei Schritte: 1. Vorbereiten (Was kann ich, was will ich? Wie recherchiere ich nach Stellen?), 2. Aufschreiben (Wie sieht die perfekte Bewerbungsmappe aus?) und 3. Überzeugen (Wie überzeuge ich im Vorstellungsgespräch oder im Assessment Center?). Dabei thematisiert das Beraterduo auch die spezifischen Anforderungen und Erwartungen an Hochschulabsolventen und begleitet sie mit zahlreichen Tipps und Beispielen durch die gesamte Bewerbungsphase.

Christian Püttjer / Uwe Schnierda: *Das große Bewerbungshandbuch.*
Frankfurt a. M., New York: Campus 2005. Euro 14,90.

Ein weiteres erfolgreiches Beraterduo sind Christian Püttjer und Uwe Schnierda, die dem Team Hesse/Schrader seit einigen Jahren Konkurrenz machen. Ihr neuestes Werk ist ein 500-Seiten-Ratgeber, der sämtliche Stufen des Bewerbungsverfahrens eingehend erläutert. Zwar richtet sich ihr großes Bewerbungshandbuch eher an Berufstätige, die ihre Stelle wechseln wollen, als an Hochschulabsolventen, doch auch bei diesen dürften nach der Lektüre kaum noch Fragen zur Bewerbung offen bleiben. Hilfreich sind auch der Extrateil mit Übungen zum Assessment Center, die zahlreichen Internetadressen und ein umfangreiches Stichwortregister.

Angelika Fuchs / Axel Westerwelle: *Bewerbung für Hochschulabgänger.*
Der optimale Start in den Beruf.
München: Goldmann 2005. Euro 7,95.

Weniger bekannt, aber auch schon seit mehreren Jahren im Geschäft sind Angelika Fuchs und Axel Westerwelle. In »Bewerbung für Hochschulabgänger« gehen auch sie auf die Komponenten einer erfolgreichen Bewerbungsstrategie ein, von der Selbstanalyse und der Stellenrecherche über die perfekten Bewerbungsunterlagen bis hin zum Vorstellungsgespräch und der Probezeit. Ergänzt durch Checklisten, Tipps von Personalexperten und einen Extrateil zur Online-Bewerbung ist das Werk von Fuchs und Westerwelle ein kompakter und nicht zuletzt preisgünstiger Ratgeber.

Fritz Köster: *Studienabbruch. Perspektiven und Chancen.*
Frankfurt a. M.: Bund 2002. Euro 15,90.

Das Buch von Fritz Köster ist zum einen eine Entscheidungshilfe für Studenten, die mit dem Gedanken an einen Studienabbruch spielen, und zum Zweiten ein Ratgeber für all jene, die schon abgebrochen haben und nicht wissen, wie es nun beruflich weitergehen soll. Köster regt dazu an, eine persönliche Standortbestimmung vorzunehmen: Was ist im Studium schief gelaufen? Was kann ich aus dem Abbruch lernen? Wo liegen trotz des Abbruchs meine Stärken? Köster möchte den Abbruch auch als Aufbruch verstanden wissen, er erläutert die Chancen von Studienabbrechern auf dem Arbeitsmarkt sowie Alternativen zum Studium wie Aus- oder Weiterbildung und gibt Tipps zur Bewerbungsstrategie für Studienabbrecher. Im Anhang finden sich eine detaillierte Auflistung von Beratungsstellen, zahlreiche Literaturtipps und ein ausführliches Verzeichnis von hilfreichen Adressen und Internetseiten.

Promotionsratgeber

Andreas Preißner / Stefan Engel: *Promotionsratgeber.*
München u. a.: Oldenbourg 2001. Euro 24,80.

Der Promotionsratgeber von Engel und Preißner ist ein umfassendes Nachschlagewerk zu allen relevanten Fragen rund um die Doktorarbeit. Auf über 300 Seiten werden Finanzierungsmöglichkeiten und rechtliche Rahmenbedingungen der Promotion ebenso angesprochen wie das richtige Zeitmanagement, das Vorgehen bei der Literaturrecherche und die Veröffentlichung der Dissertation. Zahlreiche Literaturtipps und Internetadressen verweisen zudem auf weiterführende Informationen. Aufgrund der Vielzahl der behandelten Aspekte sind einige Abschnitte etwas knapp und allgemein gehalten, als Nachschlagewerk und erste Orientierungshilfe leistet der Promotionsratgeber jedoch gute Dienste.

Helga Knigge-Illner: *Der Weg zum Doktortitel. Strategien für die erfolgreiche Promotion.*
Frankfurt a. M., New York: Campus 2002. Euro 15,90.

Die Promotion ist häufig ein einsames und nicht selten ein ziemlich frustrierendes Unterfangen, wenn man sich mit Schreibblockaden, Zeitproblemen und uninteressierten Doktorvätern herumärgern muss. Helga Knigge-Illner betreut seit vielen Jahren Doktoranden an der FU Berlin und kennt daher die Sorgen und Nöte von Promovierenden. In ihrem Buch gibt sie ihnen die notwendigen Strategien an die Hand, um ihr Vorhaben erfolgreich zu meistern, vom zielgerichteten Projektmanagement über die Selbstmotivation bei Schreibblockaden bis zur überzeugenden Präsentation der Ergebnisse. Zahlreiche konkrete Beispiele aus der Beratungspraxis der Autorin machen das Buch lebendig und dürften jedem Doktoranden klar machen, dass er mit seinen Schwierigkeiten nicht allein dasteht.

Ingo von Münch: *Promotion.*
Tübingen: Mohr Siebeck 2003. Euro 29,00.

Ingo von Münchs Buch ist weniger ein konkreter Leitfaden zum Promovieren als vielmehr ein Lesebuch für alle, die sich für das Thema Promotion interessieren. Als Juraprofessor hat der Autor selbst viele Doktoranden betreut und berichtet von seinen Erfahrungen, erzählt aber auch zahlreiche Anekdoten rund um die Promotion. Münch gibt zwar auch einige Informationen zur Finanzierung und zum Prüfungsverfahren, in erster Linie ist sein Band aber deshalb lesenswert, weil hier ein erfahrener Professor mit feinem Humor aus dem Nähkästchen plaudert.

Uni-Magazine und Hochschulbeilagen

Auch Uni-Magazine und Hochschulbeilagen von Tageszeitungen oder Wochenzeitschriften befassen sich mit Themen rund um die Karriereplanung und den Berufseinstieg. Neben Magazinen wie »UNICUM« oder »AUDIMAX«, die meist kostenlos in den Hochschulen ausliegen, haben auch die »FAZ«, der »stern« und das »Handelsblatt« eigenständige Publikationen für Studenten, Absolventen und junge Berufstätige. Sie informieren über Branchen und Unternehmen und geben Tipps fürs Studium und die erfolgreiche Bewerbung. Hochschulmagazine wie »Forschung & Lehre« oder die »duz« richten sich hingegen hauptsächlich an das wissenschaftliche Personal der Hochschulen und dürften daher auch für Doktoranden interessant sein.

Neben diesen eigenständigen Publikationen gibt es auch Hochschulbeilagen wie etwa den »UniSPIEGEL«, der der regulären Ausgabe des »SPIEGEL« beigelegt wird, sowie spezielle Rubriken zum Thema Uni und Karriere wie z.B. den Chancenteil der »ZEIT«. Was alle Hochschulmagazine, -beilagen und -rubriken indes gemeinsam haben, ist ein umfassendes Online-Angebot, das die Inhalte der Druckausgaben begleitet und durch aktuelle Nachrichten und Zusatzinformationen ergänzt.

Eigenständige Publikationen

Titel	Erscheinungsweise	Online-Ausgabe
AUDIMAX	monatlich während der Vorlesungszeit (neunmal im Jahr)	http://www.audimax.de
duz – Das unabhängige Hochschulmagazin	monatlich	http://www.duz.de
FAZ Hochschulanzeiger	sechsmal im Jahr während der Vorlesungszeit	http://www.faz.net/s/hanz.html
Forschung & Lehre	monatlich	http://www.forschung-und-lehre.de
karriere (Handelsblatt)	monatlich	http://www.karriere.de
stern spezial Campus & Karriere	zweimal im Jahr (April und Oktober)	http://www.stern.de/campus-karriere
unicompact	sechsmal im Jahr während der Vorlesungszeit	http://www.unicompact.de
UNICUM	monatlich	http://www.unicum.de
UNICUM BERUF	alle zwei Monate	http://www.unicum.de
uni-magazin (Bundesagentur für Arbeit)	monatlich während der Vorlesungszeit (siebenmal im Jahr)	http://www.unimagazin.de

Hochschulbeilagen und -rubriken

Titel	Erscheinungsweise	Online-Ausgabe
DAAD-Magazin	nur online	http://www. daad-magazin.de
DIE WELT Karrierewelt	samstags	http://www. welt.de/karrierewelt
DIE ZEIT Chancen	donnerstags	http://www. zeit.de/chancen
Financial Times Deutschland Köpfe und Karriere	montags bis freitags	http://www. financial-times.de
FOCUS Online JOB	nur online	http://focus.msn.de/jobs
Frankfurter Rundschau Campus (vornehmlich aus der Frank- furter Hochschulszene)	mittwochs	http://www. frankfurter-rundschau.de
sciencegarden – Magazin für junge Forschung	nur online	http://www. sciencegarden.de
Süddeutsche Zeitung Bildung und Beruf	samstags	http://www.sueddeutsche. de/jobkarriere
Süddeutsche Zeitung Uni & Job (Magazin)	zweimal im Jahr zu Beginn des Semesters	http://www.sueddeutsche. de/jobkarriere
taz Beruf und Qualifikation	unregelmäßig viermal im Jahr	http://www.taz.de
UniSPIEGEL (Magazin)	sechsmal im Jahr während der Vorlesungszeit	http://www.unispiegel.de

Autorinnen und Autoren

Michelle Adolfs (*1972) und **Petra Müller** (*1969) haben Kunst und Erziehungswissenschaften an der Universität Bielefeld studiert. 1996 gründeten sie nach dem gemeinsamen Examen im Fach Kunst das Atelier KUNSTKOMMT!. Seitdem arbeiten sie als bildende Künstlerinnen im Team mit digitalen Medien und Formen der Medienkommunikation. Werke entstehen sowohl in Form von zeitbegrenzten Netzkunst-Aktionen und Medieninstallationen als auch als Gemälde, Video, Fotografie und Objekt. Beide sind Preisträgerinnen des Deutschen Studienpreises. www.kunstkommt.de

Philipp Albers hat Amerikanistik, Kulturwissenschaft und Philosophie in Berlin und Durham, North Carolina, studiert. Er ist Gründungsmitglied der Zentralen Intelligenz Agentur und arbeitet derzeit als Programmkoordinator an der American Academy in Berlin. Er ist Preisträger des Deutschen Studienpreises 1996.

Prof. Jutta Allmendinger studierte Soziologie und Sozialpsychologie an der Universität Mannheim. 1989 promovierte sie an der Harvard University in Cambridge, USA. Von 1988 bis 1991 war Jutta Allmendinger wissenschaftliche Angestellte am Max-Planck-Institut für Bildungsforschung in Berlin, anschließend (1991 bis 1992) Gastwissenschaftlerin an der Harvard Business School in Cambridge, USA. Seit 1992 ist Jutta Allmendinger Professorin für Soziologie an der Ludwig-Maximilians-Universität München (derzeit beurlaubt). Ihre Habilitation erwarb sie 1993 an der Freien Universität Berlin. Seit Februar 2003 leitet sie das Institut für Arbeitsmarkt- und Berufsforschung der Bundesagentur für Arbeit in Nürnberg. Zudem war Jutta Allmendinger von 1999 bis 2002 Vorsitzende der Deutschen Gesellschaft für Soziologie.

Zu ihren Arbeitsgebieten zählen: Soziologie des Arbeitsmarktes, Bildungssoziologie, Soziale Ungleichheit, Soziologie der Sozialpolitik, Organisationssoziologie, Soziologie des Lebensverlaufs. Sie ist Mitglied im Kuratorium des Deutschen Studienpreises.

Dr. Karin Baumhöver hat in Münster Publizistik studiert. Jetzt verantwortet sie bei der DKV Imageprojekte und denkt sich gemeinsame Projekte wie Think Tanks und Medienpreise mit dem Sponsoring-Partner Deutsches Hygiene-Museum Dresden aus. In ihrer Freizeit designt sie Hüte für bad-hair-days und ist über die webpage www.kopfhoch.info erreichbar.

Dr. Frank Berzbach, geb. 1971, hat Erziehungswissenschaft in Köln und Frankfurt a. M. studiert und arbeitet zurzeit an der Universität Tübingen. 1998 gewann er den Deutschen Studienpreis. Er war von 2001 bis Juni 2005 Chefredakteur von sciencegarden.de.

Nadia Chakroun, geb. 1979, studiert an der Universität Hamburg Deutsche Sprache und Literatur, Medienkultur und Französisch. Sie ist Stipendiatin der Studienstiftung des deutschen Volkes.

Julia Fischer, Jahrgang 1966, ist Professorin für Ethologie und Ökologie an der Georg-August-Universität Göttingen und Leiterin der Forschungsgruppe Kognitive Ethologie am Deutschen Primatenzentrum. Seit 2003 ist sie Mitglied der »Jungen Akademie«.

Ulrike Herrmann leitet die Umwelt- und Wirtschaftsredaktion der »taz«. Zuvor war sie Meinungsredakteurin, dann Parlamentskorrespondentin der Zeitung und zuständig u. a. für das Thema Arbeitsmarkt. Die Bankkauffrau und ausgebildete Philosophin war 1996/97 wissenschaftliche Mitarbeiterin des Deutschen Studienpreises, anschließend für zwei Jahre Pressesprecherin des Senatsamtes für die Gleichstellung in Hamburg, bevor sie 2000 zur »taz« wechselte.

Stefanie Höller hat Maschinenbau an der Universität-Gesamthochschule Essen studiert. Aktuell ist sie als Sicherheitsingenieurin, Werkschutzleiterin sowie als Beauftragte für Laser-, Brand-, Katastrophen- und Umweltschutz bei der Siemens VDO Automotive AG an den Standorten Bebra und Mühlhausen tätig. Sie ist Preisträgerin des Deutschen Studienpreises.

Dr. Harro Honolka, Soziologe mit Lehr- und Forschungserfahrung auf den Gebieten Bildung, Arbeit, Einwanderung, Sport, Medien. Seit 1985 ist er als Geschäftsführer, zum Teil als Vorstand des Institutes »Student und Arbeitsmarkt« an der LMU damit befasst, Studierende durch Beratung, Zusatzqualifizierung, praktische Erfahrungen und Stellenvermittlung auf den Berufseinstieg vorzubereiten, neue Wege der Verbindung von Universität und Arbeitsmarkt zu erproben und darüber zu forschen.

Bas Kast, 32, war zunächst freier Autor. Seit 2000 ist er Journalist beim »Tagesspiegel« in Berlin, inzwischen als Reporter. Bücher: »Revolution im Kopf« (Berliner Taschenbuch Verlag 2003), »Die Liebe« (S. Fischer 2004). 1996 war er Preisträger des Deutschen Studienpreises. Seine Blog-Seite: http://blog.tagesspiegel.de/bas/.

Prof. Dr. Heiner Keupp, geb. 1943, hat Psychologie und Soziologie studiert und sich zwischen den beiden Disziplinen als Sozialpsychologe positioniert. Seit 1978 ist er Hochschullehrer für Sozial- und Gemeindepsychologie an der Ludwig-Maximilians-Universität München. Im Zentrum seines wissenschaftlichen Interesses steht gegenwärtig die Frage, wie sich in Umbruchturbulenzen der »Risikogesellschaft« Identitäten ausbilden. Er hat den Begriff der »Patchwork-Identität« geprägt und untersucht dieses Konzept derzeit mittels einer Längsschnittstudie.

Katja Lachnit, 35, ist Diplomsoziologin. Sie arbeitet als freie Journalistin in Hamburg. Ihre Spezialgebiete sind Themen rund um das Studium und die Karriere.

Matthias Mayer studierte Philosophie, Germanistik, Politik und Pädagogik an der Freien Universität Berlin und der Universität Konstanz, war dort nach Magister- und Staatsexamen wissenschaftlicher Mitarbeiter und freier (Jazz-)Konzertveranstalter (mit wechselnden Prioritäten) und ist seit 1996 bei der Körber-Stiftung in Hamburg im Bereich Schule und Hochschule tätig, aktuell als Projektleiter des Deutschen Studienpreises und zweier Schultheaterprojekte.

Christiane Mück hat Betriebswirtschaftslehre an der Universität Bamberg, der WHU Vallendar, der Ecole Management Lyon und der Waseda University in Tokio studiert. Aktuell promoviert sie am Arbeitsbereich Weiterbildung der Carl von Ossietzky-Universität Oldenburg über »Positionierung von Hochschulen durch Weiterbildung«. Ihr Text ist die gekürzte Fassung ihres erfolgreichen Beitrags zum Deutschen Studienpreis 2004, den sie zusammen mit Karen Mühlenbein gewann.

Karen Mühlenbein hat Betriebswirtschaftslehre an der WHU Vallendar, der Carnegie Mellon University in Pittsburgh und der Universidad de Deusto in Bilbao studiert. Sie promoviert an der Universität Hamburg zum Thema »Informationssysteme über das Hochschulwesen«. Gemeinsam mit Christiane Mück ist sie Preisträgerin des Deutschen Studienpreises 2004.

Prof. Dr. Julian Nida-Rümelin, geb. 1954, studierte Philosophie, Physik, Mathematik und Politikwissenschaft in München und Tübingen. Nach einem Aufenthalt als Gastprofessor in den USA lehrte er an den Universitäten in Tübingen und Göttingen Philosophie.

Von 2001 bis 2002 war er Staatsminister im Bundeskanzleramt und Beauftragter der Bundesregierung für Kultur und Medien. Seit 2004 hat er den Lehrstuhl für Politische Theorie und Philosophie am Geschwister-Scholl-Institut der Ludwig-Maximilians-Universität München inne. Zu seinen Forschungsschwerpunkten zählen u. a. Politische Philosophie, Kulturtheorie und Wissenschafts- und Erkenntnistheorie. Er ist Kuratoriumsvorsitzender des Deutschen Studienpreises.

Dr. Rolf F. Nohr, geb. 1968, ist Juniorprofessor für Medienkultur an der HBK Braunschweig. Er hat Theater-, Film- und Fernsehwissenschaften, Philosophie und Soziologie studiert. Seine Arbeitsgebiete sind Medienwissenschaften mit den Schwerpunkten Visualisierungsverfahren der

Laborwissenschaften, game studies und Polaroidfotografie. Jüngste Publikationen als (Mit-)Herausgeber: »Evidenz – das sieht man doch« (Münster 2004), »See? I'm real! Multidisziplinäre Zugänge zum Computerspiel (Münster 2005); »Polaroid als Geste – über die Gebrauchsweisen einer fotografischen Praktik« (Ostfildern 2005). 1996 gewann er den Deutschen Studienpreis.

Julian Petrin, geboren 1968 in Hilden bei Düsseldorf, hat an der TU Hamburg-Harburg Stadtplanung studiert. Zusammen mit seinen zwei Partnern Rüdiger Kinast und Matthias Baxmann leitet er das 1998 gegründete und in Hamburg ansässige Büro »urbanista«, das sich mit Projekten an der Schnittstelle von Stadtplanung und Kommunikation beschäftigt. Er ist Preisträger des Deutschen Studienpreises.

Franziska Schreyer ist Soziologin. Seit 1992 arbeitet sie als wissenschaftliche Mitarbeiterin im Arbeitsbereich Berufs- und Qualifikationsforschung des Instituts für Arbeits- und Berufsforschung (IAB) in Nürnberg. Im Rahmen ihrer Forschungstätigkeit beschäftigt sie sich mit den Arbeitsmärkten für Hochqualifizierte, vor allem mit den Beschäftigungschancen von Akademikerinnen. Derzeit gilt ihre Aufmerksamkeit u.a. den prekären Lebens- und Arbeitsverhältnissen von Hochschulabsolventen, der so genannten »Generation Praktikum«.

Stefanie Schulte, Jahrgang 1977, hat Betriebswirtschaftslehre und Journalistik an der Universität Dortmund studiert. Nach ihrem Diplom in BWL absolvierte sie ein Volontariat an der Georg von Holtzbrinck-Schule für Wirtschaftsjournalisten. Seit Juli 2005 ist sie Redakteurin der »Börsen-Zeitung« in Frankfurt.

Mischa Täubner, 36, ist freier Journalist in Hamburg. Er schreibt unter anderem für »DIE ZEIT« und die »Financial Times Deutschland«. Reportagen und Features aus dem Sozial- und Wirtschaftsleben bilden den Schwerpunkt seiner Arbeit.

Beruf: Schauspieler

Die Anforderungen für Schauspieler sind hoch, die Berufsaussichten ungewiss. Was macht den Beruf dennoch so einzigartig? Wie gehen Schauspieler mit Verrissen, Lampenfieber und Erfolg um? Wie gelingen Karrieren?

Auf diese und weitere Fragen geben preisgekrönte Schauspielerinnen und Schauspieler Antworten. So spricht Susanne Lothar über das lebenslange Lernen und Fritzi Haberlandt berichtet von den unterschiedlichen Herausforderungen von Theater und Film.

In zahlreichen Gesprächen, einfühlsamen Porträts und Kritiken geben namhafte Autoren Einblicke in die Berufung und den Beruf des Schauspielers: z. B. Ulrich Tukur, Susanne Lothar, Annette Paulmann, Stefan Kurt, Fritzi Haberlandt, Wibke Puls, Stefanie Stappenbeck, Maren Eggert, Susanne Wolff, Martin Wuttke.

Mit Beiträgen u. a. von Jürgen Flimm, Hellmuth Karasek, Brigitte Landes und C. Bernd Sucher.

Ulrich Khuon (Hrsg.)
Beruf: Schauspieler
Vom Leben auf und hinter der Bühne

368 Seiten mit 25 s / w-Abbildungen
Gebunden mit Schutzumschlag | 14,5 x 22 cm
ISBN 3-89684-045-2 | Euro 18 (D)

fast forward

Die Geschichte der Moderne ist eine Geschichte der Beschleunigung – allerdings eine voller Widersprüche und Paradoxien. Wenn sich heute vieles schneller erledigen lässt, warum haben wir dann nicht mehr Zeit und trotzdem das Gefühl des Getriebenseins?

Wie solche Befindlichkeiten zustande kommen und von welchen Faktoren sie abhängen, beleuchten die Beiträge dieses Bandes. Einen wesentlichen Anteil an dieser Entwicklung tragen die Medien; ihre Rolle wird kritisch beleuchtet – aus theoretischer und künstlerischer Perspektive. Medientheorie und empirische Zeitforschung werden hier zum Ausgangspunkt für einen aufgeklärten Umgang mit der Beschleunigung unserer Lebenswelt.

Die Essays der jungen Wissenschaftler sind kenntnisreich und überzeugen mit erhellenden Thesen. Sie verführen dazu, sich dem Thema auf ebenso unkonventionelle wie unterhaltsame Weise zu nähern.

»Die Lektüre ist allen zu empfehlen, die sich dem komplexen Thema Zeit nähern.«
Das Parlament

Hartmut Rosa (Hrsg.)
fast forward
Essays zu Zeit und Beschleunigung

216 Seiten mit 19 Farbabbildungen
Softcover | 17 x 24 cm
ISBN 3-89684-121-1 | Euro 12 (D)

Wie viel Körper braucht der Mensch?

Die Selbstverständlichkeit, einen Körper einfach nur zu haben, ist uns abhanden gekommen. Immer mehr gilt: Seinen Körper macht
man sich! Grund genug, die Wissenschaften
nach verständlicher Auskunft zum Stand der
Dinge, aber auch nach Standpunkten zu fragen. Das Spektrum der behandelten Themen
reicht vom Kult um den Körper und vom rast-
losen Streben nach Schönheit bis zur Inszenie-
rung der Geschlechter in virtuellen Räumen –
von der Bedeutung des Körpers für die politische Sphäre bis zu den Möglichkeiten der
Transplantationsmedizin und den Fantasien
der Körperverbesserung.

Die Autoren präsentieren ungewöhnliche Perspektiven, formulieren offene Fragen und wagen provokante Thesen. Mit ihrer Lust an der
Formulierung machen sie den Band vor allem
auch für ein Publikum jenseits der Fachwissen-
schaften lesenswert.

*»Das Buch besticht nicht nur durch seine Verständ-
lichkeit, sondern regt aufgrund seiner vielfältigen
Einblicke in das Thema Körper zu differenzierten
weitergehenden Debatten großer gesellschaftlicher
Relevanz und Aktualität an.«*
UNIVERSITAS

Gero von Randow (Hrsg.)
Wie viel Körper braucht der Mensch?
Standpunkte zur Debatte

198 Seiten | Softcover | 17×24 cm
ISBN 3-89684-120-3 | Euro 12 (D)

Demokratie lebt von gesell-
schaftlichem Dialog und gemein-
samer Suche nach Lösungen. Die Körber-
Stiftung als Forum für Impulse will mit ihren
Projekten Bürgerinnen und Bürger aktiv an gesellschaftlichen Diskursen beteiligen.
Die private und gemeinnützige Stiftung bietet ein Forum zur Mitwirkung in Politik, Bildung, Wissenschaft
und internationaler Verständigung. Wer sich als Bürger
in Wettbewerben und Gesprächskreisen der Stiftung
engagiert, gewinnt auf vielfältige Weise: Er kann Wissen weitergeben, Probleme identifizieren und Aktivitäten anregen.
Die Körber-Stiftung leistet mit diesen Impul-
sen einen Beitrag zur Alltagskultur
der Demokratie.